稼ぐ力を手にする
たったひとつの方法

加谷珪一
Keiichi Kaya

清流出版

はじめに——「稼ぐ力」があれば、仕事に困ることはない

将来に対する不透明感が高まる中、多くのビジネス・パーソンが自分の価値を高め、不安のない人生を送りたいと考えています。

留学してMBAを取りたいと考える人もいるでしょうし、資格試験の勉強をしている人もいるでしょう。成功のノウハウを実用書で研究している人も多いかもしれませんし、漠然と起業を考え、交流会やセミナーに参加する人もいると思います。

もちろんこうした努力はムダではありませんが、あくまでツールのひとつです。

普遍的な「稼ぐ力」を持っている人は、どんなに環境が変わっても、仕事に困ることはありません。それは社内の出世でも転職でも起業でも同じことです。

そして「稼ぐ力」を手にする方法は実はたったひとつしかないのです。

本書は、どうすれば、この「稼ぐ力」を身につけることができるのかについて解説したものです。

筆者は少々珍しい経歴を持っています。大学を卒業後、民間企業に就職しましたが、その後、まったく別な業界への転職を経験しています。その転職が大きなきっかけとなり、最終的にはサラリーマンを辞めて事業を立ち上げ、会社の経営者となりました。その後はビジネスの傍ら、こうした本の執筆を平行して行っています。

サラリーマンの経験と異業種への転職、そして起業、物書きという経験をしている人はそれほど多くないと思います。

筆者は、現在はコンサルティングの仕事をしているのですが、仕事柄、多くの成功したビジネス・パーソンに出会う機会があります。

自分自身のビジネスでの体験や、仕事を通じて出会ったビジネス・パーソンの話から、ビジネスでの成功には普遍的な法則があることが分かってきました。この法則は、業種業態や年齢などにはあまり関係せず、一度身につけてしまえば、どのような環境でも応用ができるものです。それを分かりやすい形でまとめたのがこの本になります。

本書は基本的に8つの章で構成されています。また、それぞれの章における解説はひとつのテーマについて3ページとなっています。各テーマは独立していますから、最初から読み進めていただいても、興味のあるところから読んでいただいても、どちらでも結構です。

第1章は、いわゆる「NGな人」について集中して解説した章です。身近な例から、稼ぐ力を失ってしまうのは、どんなタイプの人なのかを説明しています。

第2章と第3章は主に会社における出世についてです。無理に出世する必要はないという考え方もありますが、会社では出世しないと高い給料をもらえないことがほとんどです。「稼ぐ人」になるためには、ある程度までは出世しておく必要があります。

第2章は、基本的な出世のメカニズムについて解説しています。出世は自分の力でするものだと思っている人が多いのですが、実際にはまったく逆です。この部分を勘違いしてしまうと、永久に出世はできません。

第3章は、会社の中での評価に関する話です。自分はしっかり仕事をしているのに、それが評価されないと嘆いている人は少なくありません。しかしこうした人の多くは、評価の仕組みを根本的に勘違いしている可能性があります。

第2章と第3章を読めば、出世というのは、冷静に状況を分析し、合理的に振る舞うことで、かなり実現性が高くなるということがお分かりいただけると思います。

第4章と第5章は、会社内での出世に加えて、転職なども意識した内容となっています。第4章は主に人脈に関する内容です。

人脈はビジネスの世界では非常に大事だと言われています。それは間違っていないのですが、むやみに知り合いを増やせばよいというものではありません。本当に大事な人脈があれば、人数などあまり関係ないのです。

第5章では、ビジネス・パーソンとしての価値を高める方法について解説します。

評価は自分でするものではなく、あくまで相手が自分に対して行うものです。評価を上げるためにはまずその基準を知ることが大切です。また相手は人間ですから、メンタルな部分も非常に重要となってきます。

第6章は独立・起業に関する項目です。組織人としては大丈夫でも、独立すると失敗してしまう人が多い理由や、タフな交渉を乗り切る方法などについて解説しています。サラリーマンでも起業家でも、基本は同じだということが分かると思います。

第7章は、事業を創造できる人材になる方法です。本書に書いてあることをしっかりと理解すれば、事業の創造はそれほど難しいことではありません。

最後の第8章は、稼ぐマインドについてです。どんな環境に放り込まれても、稼ぐマインドさえ身につけていれば怖がることはありません。今流行りのグローバル化にもすんなりと対応することができるのです。

本書を一通り読めば、筆者の言う「稼ぐ力を手にするたったひとつの方法」が何なのか分かるはずです。

この感覚を身につけていれば、ビジネスの成功はずっと身近なものになります。

早速、興味のあるページからスタートしてください。

目次

第1章　稼ぐ力を失う「NG」な人

第2章

「出世」は自分でするものではない

第3章

なぜあなたは会社で「評価」されないのか？

第4章

稼ぐ人は知っている「人脈」のゴールデン・ルール

第5章

「あなたの価値」はどのようにして決まるのか？

第6章 稼ぐ力があれば「起業」だってできる

第7章 「事業を創造」できる人材になるためには

第8章

「稼ぐ人」になるために必要なこと

第1章

稼ぐ力を失う「NG」な人

◇真っ先に「でも」と反論する人

会社の上司に怒られたり、顧客からクレームをつけられた経験は、誰にでもあると思います。叱られると、意気消沈してしまう人もいるでしょうし、逆に怒りがこみ上げてくるという人もいるかもしれません。

他人から怒られたり、注意されたりした時、人は「でも」と反論したくなります。

しかし、本当に「稼ぐ人」になりたいと思うのであれば、ここは、少し冷静になって自分を振り返る必要があります。なぜなら、**相手から怒られた時、すぐに反論してしまう人は、「稼ぐ力」を失っている可能性があるからです。**

人は自分のことになると、なかなか客観的になることができません。逆に他人のことであれば、冷静に観察することができるものです。

あなたの会社の中には、上司から何か注意されたり、顧客からクレームが入った時、真っ先に「でも○○××なので」と言ってしまう人はいませんか？

このタイプの人は、案外多く、10人くらいの部署であれば、必ず2~3人はいるものです。もしかすると、あなたもそこに当てはまっているかもしれないわけです。
すぐに反論してしまうAさんは、いつもこんな感じのやり取りです。

上司「この書類、急ぎって言っただろう」
Aさん「でも、今日中とは言われていないので」

顧客「もっと早く対応してくれよ!」
Aさん「でも、他の案件が重なっていたので……」

書類を急いで出して欲しい上司は、Aさんが書類を出していない言い訳を聞きたいわけではありません。対応が遅いことに怒っている顧客も同じです。相手は単に怒っているだけですから、そこで反論しても相手の怒りを倍増させるだけです。
そのような上司に対しては「すみません。勝手に明日まででよいと思っておりました。すぐに取りかかります」と言えばよいですし、顧客に対しては、同じ言い訳をするにしても「私のミスです。他の案件が重なってしまい混乱してしまいました。次回以降このようなことがないように徹底いたします」と言えば、ほとんどの場合、丸く収まります。

Aさんの最大の問題は、**受け答えそのものではなく、相手が何を考え、何を求めているのか、察知することができないという点にあります。**

今回は、怒られた時の対応という問題ですが、おそらくAさんは、日頃から、顧客や上司が考えていることを先回りして対応することができていない可能性があります。これはビジネスでは非常に致命的なことなのです。

もしかするとAさんは、そのことも自分ではよく分かっているのかもしれません。

しかしAさんは「自分は悪くないのに！」という思いが先に立ってしまいます。Aさんのホンネはこんなところでしょう。

「急ぎとは言われたけど、今日中とは言われていない」

「なんで私がこんなことを言われなきゃいけないんだ！」

要するに、Aさんはプライドが高く、人から注意されたり、批判されたりするのが耐えられないのです。

稼ぐ人になりたければ、まずは、つまらないプライドを捨てることです。プライドという重荷を捨てることができれば、稼ぐ人になることは意外と簡単です。

◇上司の前で態度が変わる人

上司がいなくなると、ついリラックスしてホンネが出てくるものです。**相手がいないところで悪口を言うのはなかなか気持ちのよいものですが、こうした行動は要注意です。**

もしあなたが、「稼ぐ人」になりたいと思っているのであれば、こうした行動は慎んだ方がよいでしょう。**あなたの言動は、予想以上に周囲に伝わっているものなのです。**

筆者の知るある管理職の人物は、若い社員をよく一対一でランチに誘っては、自分の見ていないところで誰がどのような行動を取っているのか、情報収集していました。

情報収集していることはミエミエなので、周囲の人は「またやってる」というような雰囲気です。皆がそう思っているので、このような情報収集は無意味かと思いきや、実はそうでもありません。

ランチに誘われた社員は、ランチに誘った上司の意図をよく理解しています。しかし、人間とは弱いもので、ランチをおごられて、目の前の上司がいろいろ聞きたそうにしていると、まったく無視することはできないものです。ついつい、同僚に関する何らかの情報を上司に与えてしまいます。

かくして、管理職の情報収集は効果を発揮することになります。

上司にとって、要注意人物となるのは、上司がいる時といない時で大きく言動が変わる人です。もちろん情報提供をしてしまう同僚も、いくら上司がいろいろな情報を集めているからといって、わざわざ同僚を貶《おとし》めるような話はしない人がほとんどでしょう。

しかしながら、上司はいろいろな人から話を聞いています。

何気ない話であっても、複数の話において一致しない部分があると、それは上司にとって非常に有益なヒントになります。つまり、状況によって話す内容や態度が違うということ自体が、上司から要注意人物と思われてしまう材料になってしまうのです。

上司は言ってみればあなたを評価してくれる「お客さん」です。上司からよく思われないことは、稼ぐ力をつける上で大きな妨げになると考えるべきです。

上司が部下を選ぶ基準は実はシンプルです。よく上司は好みで人を選別している、などと言われますが、皆がそのような基準で部下を選んでいるわけではありません。

上司がもっとも重視するのは、自分の出世に役立つ部下かどうかという点であり、これが、もっとも大きいのです。

次に重要なのは、自分を裏切らないかという忠誠心でしょう。おそらくその次に来るのが、好き嫌いといった要素になります。

つまり上司は、自分が順調に出世できるための、安心感を求めているのです。

そうなってくると、上司に対してどのような態度を取っているのかというのは、重要な評価項目であることが分かってくるはずです。

上司がいる時といない時で態度が変わらないという情報は、上司に対して大きな安心感を与えることになります。これは、上司がいる時に一生懸命、ゴマスリをして尽くすよりも、ずっと効果が高いのです。

ここでも重要となるのは、「相手が何を求めているのかを知る能力」です。

終始、自分の態度を一貫したものにするとなると、かなり息苦しいかもしれません。しかし、会社は遊びに行ったり、リラックスする場所ではありません。

限られた時間の中で高い成果を上げようと思うのであれば、ヒマを見つけて上司の悪口を言っている余裕はないと考えるべきでしょう。

◇「先日は失礼しました」が言えない人

よく言われていることですが、**顧客とのトラブルは、実は大きなチャンスでもあります。トラブルをきっかけに、相手との関係が親密になるというのはよくある話です。**

筆者もサラリーマン時代や実業家時代を含めて、相手に大きな迷惑をかけたことをきっかけに関係が深まり、最終的にはさらに大きな仕事につながった経験が何度もあります。

「稼ぐ人」にとって、トラブル対応は、むしろ積極的に取り組むべき課題なのです。

しかし、現実にはこのチャンスを生かすどころか、ドブに捨ててしまっている人が大勢います。これは本当にもったいないことです。

筆者は最近、ある不動産取引の件で、不動産会社の営業マンを叱ったことがあります。営業マンの完全な不注意で取引の日程が大幅に狂ってしまい、筆者は大変な思いをしました。こういうことはよくあることなので、筆者としては、実は、ある程度織り込み済みです。しかし、ここはビジネスですから何でも甘い顔をするわけにはいきません。

筆者は、営業マンの不手際について、メールで指摘し、次からはそのようなことがないよう徹底して欲しいと伝えました。

重要なのはその後です。

後日、打ち合わせに来社したその営業マンは、何事もなかったかのように、実務的な話をスタートしたのです。

筆者は「ああ、この人はダメだな」と即座に判断しました。

筆者も人間ですから、相手を叱責するのはあまり気分のいいものではありません。先方の責任とはいえ、多少は後ろめたい気持ちもあります。そんな状況で、次のミーティングの冒頭、「先日は大変申し訳ありませんでした」「今後ともよろしくお願いします」という言葉があれば、どれだけ気分がいいでしょうか。

逆に考えれば、その一言があれば、こちらの印象は格段によくなるわけです。残念ながら、この営業マンは、その一言が言えないのです。

この営業マンは最低限の仕事はできますから、普通にサラリーマンを続けていくことはできるかもしれません。しかし、彼は、**飛躍のきっかけとなるような重要な顧客とはおそらく一生出会えないでしょう。**

人間はロボットを相手にビジネスをしているわけではありません。同じ金額、同じ利益の取引でも、精神的な満足度によって、相手への評価は大きく変わってくるのです。

世の中には、同じような仕事をしていても、大きく稼げる人とそうでない人に、くっきりと分かれてしまいます。それは、相手からの評価をどのように引き出せるかの違いである可能性が高いのです。

高い評価を引き出せる人は、次回はより大きな取引を任される可能性が高くなります。高い評価を得られる人は、当然、昇進もできるでしょう。最近では、転職することも珍しくなくなりましたが、結局のところ転職が成功するかどうかは、社内外での評価がどれだけ高いのかにかかっているのです。

自分は仕事でそれなりの成果を上げているのに、会社や上司からはあまり評価されていないと感じている人は多いかもしれません。

そのような人は、もしかすると、数字さえ上げていれば、公平に評価されるものだとは考えていないでしょうか？

同じ結果でも、高い評価を得ている人というのは、プラスアルファの一言や態度が大きく貢献している可能性が高いのです。

高い評価を望むのであれば、このような点で至らない部分がなかったのか、自身の言動について、再点検することをお勧めします。

◇上から目線で批評する人

どんな話にも常に上から目線で、批評的なことしか言わない人がいます。もちろんこういったタイプの人は「稼げない人」であることが多いのですが、「でも」と反論する人と同様、世の中に一定数、存在しています。

上から目線の人はダメだと切って捨てるのは簡単です。しかし、それなりの人数が存在しているということは、多かれ少なかれ、誰もがその要素を持っているということでもあります。このタイプの人がなぜそうなってしまうのかを考えることは、多くの人にとって、有益なことと言えるでしょう。

上から目線の批評家タイプの人の背後にあるのは、実は「自信のなさ」であることがほとんどです。少し分かりにくいかもしれませんが、順を追って説明しましょう。

批評家タイプの人の典型的なやり取りは以下のようなものです。

上司　「新しいプランが営業サイドから来ているのだが、君の意見を聞かせてくれ」
部下　「そうですね。新規開拓率を高く維持できるかどうかですね」

お分かりでしょうか？

上司は新しいプランについてどう思うのか意見を求めています。しかし、部下の回答は新しいプランがうまくいくカギはどこにあるのか、ということに終始しています。

上司にしてみればこう思うことでしょう。

「そんなこと、お前に言われなくても分かってるよ」

温厚な人なら口には出して言わないでしょうが、「コイツは使えないヤツだな」というレッテルを貼られてしまうかもしれません。

批評家タイプの人は、常にどこか他人事で、自分は少し高い位置にいるようなつもりになっています。当然、社内での評価も下がってしまいます。

こうした批評家タイプの人が、自身の評価が低いことを理解した上で、意図的にそうしているのならば、本人の選択ですから、他人がとやかく言うことではないでしょう。

しかし、多くの場合、批評家タイプの人は、本人がそのような言動を取っていることをあまり自覚していません。つまり、あなたもそういうタイプかもしれないのです。

自覚のない批評家タイプは、基本的に自分への自信のなさがその原因になっています。

先ほどの営業プランの例では、うまくいくかどうかについて明確な意見を言う自信がなく、かといって何も言わない、あるいは言えないのはカッコ悪いですから、結果的に批評家的なコメントでお茶を濁すということになっているわけです。

では、このような場面ではどうすればよいのでしょうか？

意見を求められているからと言っても、分かりもしないのに回答するのは御法度です。

やはり、ここは正直に行くしかないでしょう。

上司「新しいプランが営業サイドから来ているのだが、君の意見を聞かせてくれ」
部下「はい。新規開拓の部分がカギだと思うのですが、ちょっと調べたいので、1時間ほど時間をください」

今回も、ちゃんとした回答をしていない点では前回と同じですが、部下は今すぐには答えられないと正直に説明しています。しかも、時間を区切っていますから、いつ部下から回答をもらえるのか分からないという上司の不安もうまく払拭できています。

このような対応をしておけば、上司から使える部下として認識されることでしょう。

◇いつも不機嫌そうな人

何かを依頼した時に不機嫌な顔をされることほど嫌なことはありません。稼ぐ人になろうと思ったら、こうしたマイナス評価はできるだけ避ける必要があります。**感情をすぐにオモテに出してはいけません。**

もちろん、こんなことは筆者に指摘されなくても、読者の皆さんはよく分かっていると思います。しかしながら、**自分が想像する以上に、感情は表情に出るものです。**

不機嫌そうにしていると言われている人の多くが、実は、自身がそれほど不機嫌そうにしているとは思っていません。逆に考えれば、ふだんから気をつけている人であっても、周囲からはそう認識されていない可能性があることを理解しておく必要があります。

ここで重要なのは、こうした表情のコントロールというものは、自分だけでは難しいということです。自分だけで何とかなると考えず、思い切って自分以外の人を利用してしまう方が合理的です。

家族がいる人はまず家族に聞いてみるのがもっとも手っ取り早い方法と言えます。不機嫌な時はどのような表情をしているのかを聞き、その時の表情を鏡でよく確認しておくのです。

そして、その時の自分自身の感覚をよく覚えておくようにすれば、最終的には鏡を見なくても、自分が不機嫌な表情をしていることを自覚できるようになるでしょう。

表情以外にもちょっとした仕草など、不機嫌さを示すサインはいろいろと存在します。例えば、ちょっとだけ歯を食いしばる、口元が少し引き締まるなど、他人が見るとよく分かる不機嫌サインというものがあるはずです。こうした自分の特有のサインを事前に理解しておけば、人に不機嫌な表情を見せる確率をだいぶ下げることができるわけです。

不機嫌さを相手に悟られないようにする方法は、それだけではありません。**相手とやり取りする口調によって、だいぶ印象をコントロールすることができます。**

相手とやりとりする際には「はい。了解しました」「これはもう少し待っていただけないでしょうか?」といった具合に、ふだんから事務的にテキパキと受け答えするクセをつけておくことが重要です。

こうした調子をいつも維持することができれば、多少気分が悪いといった条件が重なっても、そのような印象を相手に与えないで済むのです。

軍隊など規律が厳しい組織では、型にハマッた受け答えが義務化されていますが、これもまったく同じ理由からきています。

自分では不機嫌さを出さないようにする一方、相手の不機嫌さにはしっかりと注意を払っておくことも忘れてはなりません。

組織の中では、同じことを上司に言っても、その内容を受け入れてもらえる人とそうでない人に分かれてしまいます。

話を受け入れてもらえない理由の多くは、そのタイミングにあります。相手の気分や都合が悪い時に話を持って行ってしまうのです。

説得が上手な人は、ほとんどが絶妙のタイミングで上司に話を持ちかけています。それは上司の表情や仕草などで、感情の起伏を読み取り、先回りをしているのです。

組織とは、感情の探り合いゲームであるということを忘れてはなりません。

◇自分は評価されていないと不満に思う人

自分はしっかり仕事をしているのに、会社や上司から評価されていないと不満に思う人は少なくありません。実際、人の能力を的確に評価できない上司が多いのも事実でしょう。しかし、そのように思っているのは自分だけで、周囲はあなたの能力をほとんど評価していないというケースも結構あるのです。

そうなってしまう最大の理由は、**本人が考える評価基準と会社や上司が考える評価基準が異なっていることです。**

起業したりフリーランスとして仕事をする場合は、少し話は違ってきますが、組織で仕事をする場合には、その組織で評価されることが、まずは最優先となります。

その際に、忘れてはならないのが、評価基準は絶対値ではなく相対値であるという点です。この点を勘違いしてしまうと、組織の評価と自分の評価にギャップが生まれることになってしまいます。

一般に、組織の中で本当に「使える人材」というのは、全体の2割がいいところと言われています。あとの5割は、特別デキるわけでもなく、ダメなわけでもないという状況で、残りの3割が「使えない」人材に分類されることになります。

組織とは不思議なもので、優秀な人だけを集めて新しいチームを作っても、やはりその中で序列ができてしまい、デキる人とデキない人がくっきり分かれてしまうものです。つまり、どのような選抜基準で人を集めたとしても、その中で、相対的な能力の違いが生じ、序列ができ上がってしまうということになります。

よく上司や同僚について「彼は社内では通用するが、社外では使い物にならないよ」と評価する声を耳にします。確かに、会社の中だけで通用するスキルを持っていても、それが他の会社では通用しないということはあり得ることでしょう。

しかし、日本企業の場合、多かれ少なかれ、**それぞれの会社にはそれぞれ固有のルールというものがあり、ほとんどの場合、それは他社では通用しないものです。**

職業人としてのスキルが完全に普遍化されている外資系企業の人材マーケットを除けば、社外で通用するかどうかは、あまり意味をなさないと考えた方がよいでしょう。

自身の社内での評価を考える時にもこうした考え方は重要となります。

自分では普遍的なスキルを身につけていて、社外で通用すると思っていても、実際にはそうではない可能性があります。そうなってくると、まずは社内の評価を上げることが非常に重要となってくるわけです。

社内での評価を上げるためには、社内の評価ルールを知ることが必要です。

社内で出世した人を見渡してみてください。会社によっては、数字が第一で、出世した人は皆、高い営業成績を上げた人ばかりというところもあるでしょう。一方で、まったく正反対の会社もあります。営業系の人はあまり出世しておらず、管理部門系のお固い人が出世しやすい会社もあるかもしれません。

学歴がまったく関係ないところもあれば、一方で強烈な学歴差別が存在している会社もあるはずです。

自分が評価されていないと嘆く前に、まずはどういった人が評価されやすいのか、自分の会社を客観的に見ることが大事です。それができないと、そもそものスタートラインに立てない可能性もあるのです。

◇言い訳体質の人

仕事でミスをした時に、延々と言い訳をする人がいます。特に、外部の顧客に対して、社内の事情を持ち出して言い訳をしているのは、非常に見苦しいものですし、顧客の怒りを倍増させる可能性があります。

ビジネスの世界では、言い訳は百害あって一利なしです。言い訳をするクセがついてしまっている人は、できるだけ早く改善することを心がけるべきでしょう。

人が失敗した時に言い訳をしてしまうのは、自分に対して自信がないからです。自分はダメな人間ではないのだと必死に言い聞かせているわけです。厳しいようですが、自分に自信がないので言い訳をしてしまうというのも、実は自分に対する言い訳のひとつです。

しかし、言い訳をする理由はそれだけではありません。

実は言い訳をしてしまう心理の奥底には、自分は人から絶対に批判されたくないという、かなり傲慢な感覚が潜んでいることが多いのです。もしこのようなプライドが邪魔をして、素直にミスを認められないのだとすると、それは少々問題です。

例えば、上司から時間に遅れたことを叱責された状況を考えてみましょう。その言い訳として、目覚ましが鳴らなかった、時計が遅れていた、電車が遅延した、などの言い訳を並べたとします。

実際にたまたま目覚ましが鳴らなかったのかもしれませんし、電車が遅れたとしたらそれは本人のせいではありません。

しかし、それは上司にとってはどうでもよい問題なのです。これは顧客に対してもまったく同様です。相手は遅れたことに対して叱責しているのであり、相手には関係のない事情を話したところでそれは何の説得力も持たないわけです。

それが分かっていれば、もっと別の対応があるはずです。

まずは、余計なことをしゃべらず、簡潔に「申し訳ありませんでした」という言葉に特化する方がよいでしょう。

もし「どうしてこんなことになったんだ？」と聞かれたら「電車が遅延しました」と答えた上で、すかさず「でもそれは言い訳にしかなっていません。本当に申し訳ありませんでした」と付け加えるのです。

このような応対をしていれば、相手がよほど性格の悪い人でなければ、とりあえず怒りは抑えてくれるはずです。怒りを抑えてさえくれれば、あとは挽回するチャンスを探ることもできるようになります。

ところが、言い訳をしてしまう人は、それができません。不可抗力だと思うことについて、相手から叱責されるのが許せないのです。

こうした姿勢は、特に対顧客という状況において、最悪の事態を引き起こす可能性があります。顧客は会社と取引しているのであって、個人と取引しているわけではありません。隣の部署の誰かが書類を作成し忘れたことなど関係ないことなのです。

これに対して、自分以外の誰かの責任であることを延々と説明していると、やがて相手は無責任だと感じ始め、怒りはますます大きくなってきます。言い訳をしてしまう人は、対外的な交渉では危険人物になってしまう可能性があるのです。これではとても稼ぐ人にはなれません。

言い訳グセを根本的に直すためには、自分が犯した失敗を100%受け入れるという心構えが必要であり、プライドが高い人には非常に難しいことです。

しかし、「彼は言い訳ばかりする人だ」というレッテルが貼られてしまったら、それを返上するのは並大抵ではありません。最初が何より肝心なのです。

◇「だいたい30分です」と言えない人

相手が仕事のできる人かどうかを簡単に判断する方法があります。それは、**相手に何かを依頼する時、おおよその時間を聞いてみるというものです。**正確な時間がすぐにわからない時ほど、この方法は有効です。

仕事のできる人なら、「状況によって異なりますが」と前置きした上で「だいたい30分くらいです」とおおよそかかるであろう時間をまず答えるはずです。

顧客や上司から仕事を依頼され、「どのくらいでできる？」と聞かれた経験は誰にでもあるかと思います。その時、事務的に「やってみないと分かりません」などと答えてはいないでしょうか？

確かにあなたにしてみれば、どのくらい時間がかかるのかやってみなければ分からないというのが正直なところなのかもしれません。

そうは言っても、あなたは、大雑把な時間感覚を持っているはずです。つまり、正確な時間が分からなくても、24時間以上かかるものなのか、半日程度で終わりそうなのか、1時間程度なのか、あるいは15分程度なのか、といった目安は持っているはずなのです。

しかし、質問している相手は、その大雑把な情報すらないことがほとんどです。丸一日待たなければいけないのか、1時間くらいで済むのか分からず、不安になっているわけです。

こういった状況の時、**おおよその目安でも相手に伝えてあげることができる人は、相手から高い信頼を得ることができます。**

これは立場を逆にすればすぐに想像できることだと思いますが、実際にはなかなかそれが実行できません。しかし、稼ぐ人というのは、こうした部分で仕事の成果が大きく変わってくることをよく理解しているのです。

こういったことに気が回ったとしても、結果は大して変わらない。そう考える人もいるかもしれません。しかし現実は大きく異なります。

相手におおよその時間を伝えてあげられるということは、相手が望むものを理解できているということです。相手が望むものを把握するクセを常につけておくと、仕事の効率は、何倍にも向上するのです。

筆者が以前、コンサルティングの最前線で仕事をしていた時には、顧客が望むこと、顧客が不安に思うであろうことを、あらかじめ列挙しておき、それに対応する資料をすべて事前に用意していました。

顧客がその不安を口にする前に、自分からそれを説明し、資料を渡していたので、顧客とムダにやり取りをする手間を一気に省くことができたのです。おそらく、顧客に初めて接してから最終的に仕事の依頼に結びつけるまでの時間を半減できたと思います。

仕事のプロセスに要する時間が半分になれば、極論すれば2倍の数の顧客にアプローチできるわけです。チリも積もればと言いますが、年間では相当な金額になって返ってきます。

この話は社内でも応用することが可能です。

上司があなたに資料を作成するように頼んだということは、さらに上の上司から説明を求められていたり、顧客から要請されている可能性が高いわけです。

上司のさらに上の上司がせっかちな人であれば、今すぐにでも情報を欲しがっているかもしれません。こうした状況を知った上で仕事を進めるのと、ただ指示されたからといって、自分のペースで仕事をするのとでは、上司の印象はまったく違ったものになります。

それほど大きな成果を上げていないのに、高い評価を得ることができている人は、見えないところでこうした工夫を重ねている可能性が高いのです。

第2章

「出世」は自分でするものではない

◇誰が出世する人を決めているのか？

出世は自分の力で勝ち取るものだと思っている人は多いと思います。もちろん、それは正しいことなのですが、現実はちょっと違います。

組織に所属している以上、出世を自分の力で実現することはできません。その理由は、あなたを出世させることを決める上司（あるいは組織）が必ず存在しているからです。つまり、**出世は上司によって実現するものなのです。**

これは組織の一員として仕事をする上で、非常に重要な概念です。つまり、**あなたを引き上げてくれる上司を見つけなければ、組織で出世することは難しいのです。**

出世とひとくちに言っても、ヒラ社員から主任や係長に昇進するケースと、部長から役員になるケースとでは、選抜の基準やプロセスは異なります。組織の中でうまく出世するためには、その組織における出世のメカニズムを知り、誰があなたの出世を決めることができるのか、あらかじめ知っておく必要があるのです。

若い社員の出世については、直属の上司が大きな権限を持っているケースが圧倒的に多くなっています。つまり、直属の上司にどう評価されているのかが、出世に大きく影響するわけです。特に規模の小さい会社ではその傾向は強いでしょう。

規模の大きい会社では、若い世代の社員の選抜は、人事部などが機械的に決めていくというところもあります。それでも、直属の上司がどのような評価を下しているのかは、重要な判断基準のひとつとなっているはずです。

しかし、30代以降の社員になってくると、この基準が大きく変わってくる可能性があります。直属の上司が大きな権限を持っているという点は共通ですが、役職が上になればなるほど、さらに上の上司や、他の部署の管理職の意見がより多く反映されるようになってくるのです。

つまり、**直属の上司に加えて、周囲の評判がより重要になってくるということです。**

どこにどのような社員がいるのかといった情報交換を正式な会議で行う会社もありますが、多くの場合、こうした情報交換は、課長や部長同士の雑談の中で行われます。こうした上司の雑談が、実質的な人選会議になっているわけです。

仕事ができて、ある程度、人望がある人は、他の部署でもよく知られるようになってきます。あなたの名前が、次の昇進候補として管理職の間で持ち上がったと仮定しましょう。あなたに興味を持った管理職は、必ずあなたの上司や周囲に、あなたの評判を聞くはずです。その際、同じような高評価が複数の部署から得られれば、その管理職は安心してあなたのことを自分の部署に引っ張ってくることができます。

逆に、他の部署の人から「彼は誰だったっけ？」とか「彼はちょっとねえ」と言われてしまうと、「やっぱりやめておこう」ということになってしまいます。若いうちはいいですが、中堅社員になる頃には周囲の評判にも留意しておく必要があるのです。

さらに40代以降になると、役員も含めたかなり上の人たちが人事のカギを握るようになってきます。ここでも、直属の上司の影響は大きいのですが、場合によっては、役員や社長なども関与してくるケースが出てきます。

若い頃は順調に仕事ができていたのに、管理職になると突然仕事がうまく進められなくなる人がいます。その人は、世代によって出世や仕事のルールが大きく変わることを理解していない可能性が高いと言ってよいでしょう。

若い人にとってはまだ先のことかもしれませんが、**世代ごとに、誰が出世を決めているのかあらかじめ知っておいて損はありません。**

◇会社の評価基準をつかめ

多くのビジネス・パーソンが「ウチの会社は上司の好き嫌いだけで出世が決まってしまう」とボヤいています。筆者も若い頃はよくそう思っていました。

しかし、現実を冷静に眺めてみると、必ずしもそうとは限りません。本人がそう思っているだけで、その会社が本当に上司の好き嫌いだけで出世を決めているわけではないのです。確かに誰を出世させるのかという意思決定において、好き嫌いを完全に排除することは難しいでしょう。

しかし、**どの会社にも、ハッキリとは示されていないだけで、客観的な出世の法則は存在しているのです。「稼ぐ」人材になるためには、こうした社内の出世ルールをいち早く知っておくことが大事です。**

すでに何度か指摘していますが、会社で誰を昇進させるかという意思決定において、直属の上司の意向が占める割合はかなり高いと考えてよいでしょう。

プログラミングや営業といった、純粋にアウトプットのみで評価できる業種は別ですが、一般的な仕事の評価はどうしても総合的なものになってしまいます。このため、上司は好き嫌いで部下を選んでいるというイメージができやすいのです。

しかし現実には上司は好き嫌いだけで部下を選んでいるわけではありません。と言うよりも、日本企業の場合、上司の好き嫌いだけで部下を選別することは現実的に難しいと考えた方がよいでしょう。

外資系の企業であれば、部下の採用や解雇も含め、すべての権限が上司に与えられると同時に、仕事の結果責任もすべて上司が負うというケースが多くなっています。しかし、日本企業は、基本的にそのような仕組みになっていません。自分が選んだ部下は、ずっと自分の部下である保証はなく、どのような部下を抜擢したのかも、その後の自分自身の評価につながってくるのです。

結果的に会社が求めている「優秀な社員」というイメージに近い人物を上司は自然に選別していくことになります。

逆に考えれば、会社の中で出世するためには、会社ごとに存在している「優秀な社員」のイメージに近づくことが重要なわけです。このイメージを確立することができれば、あなたはどの部署に異動になっても、上司から一定レベルの評価を獲得することができるようになるはずです。

世の中には、出世が上手な人というのが存在しているのですが、このような人の多くは、会社が求める優秀な社員像に近づくのがうまい人なのです。

そうは言っても、自分に対する会社の評価はおかしいと感じる人も少なくないでしょう。そのような人は過去を少し振り返ってみてください。

これまでの人生経験において、あなたの周囲に、「人を適切に評価できた人」はどのくらいいたでしょうか？　「ほとんどいなかった」というのが多くの人の正直な感想ではないでしょうか？

筆者がこれまで付き合ってきた人物の中でも、他人の能力をしっかりと評価できる人というのはごく限られています。つまり、自分の能力も的確に評価されることはないと考えるべきなのです。

相手から適切に評価してもらうのではなく、相手が評価する基準を知り、それに合わせた行動を取ることがむしろ重要となってくるのです。

「稼ぐ人」の多くは、そうした行動を取っているはずです。

◇出世する人はすぐに体を動かす

通常業務の最中であれば、皆が指示された仕事を淡々とこなしています。このため、それぞれの人がどのような性格なのか、あまり表面化することはありません。

しかし、**ちょっとイレギュラーなことが起こると、ふだんは隠れている性格がよく見えてくるものです**。稼ぐ人と稼げない人は、こうしたところで違いが出てきます。

会社の会議室に行くと、テーブルが部屋の隅に片付けられてしまっていることがたまにあります。この時、すぐに体が動いてテーブルを並べ始める人と、ボーッとして突っ立っている人に分かれます。

会議室に入る時には、ほとんどの人がテーブルとイスが用意されていると思っています。つまり、テーブルがすべて片付けられた状態というのは、ちょっと意表を突かれた状態なわけです。

それに加えて、テーブルを並べるという作業は面倒でもあります。状況が想像と異なり、かつそれを解決するのは面倒な作業ということになると、人はつい行動をためらってしまうのです。

この時にすぐに体が動く人というのは、想像と違った環境に放り込まれても、すぐに適応できる人です。おそらく仕事の環境が急激に変わったとしても、柔軟に仕事を進めることができるでしょう。

逆にボーッと突っ立っている人は、状況の変化に適応できていないか、面倒なことからは逃げたいと思っている人です。人を見る目のある上司なら、このあたりの行動は決して見逃しません。こういうところでも、評価のポイントは積み重なっていくということを理解しておくべきでしょう。

これは決して身の回りの小さなことにとどまる話ではありません。

米国では軍人出身のビジネス・パーソンが高い評価を得ています。軍人はすぐに体が動き、周辺の人間を巻き込みながらプロジェクトを進めることを得意としています。

この事実は、**身の回りの小さな変化に柔軟に対応できる人は、会社の戦略を根本的に変えるような大きな環境変化にも適応可能であることを示しているのです。**

すぐに体が動かないと、もっと現実的なレベルで損をすることもあります。交渉が上手な相手だと、社員同士の行動も取引材料にしてくることがあるからです。

ある食品メーカーの営業マンは上司とともに、顧客企業の責任者を接待していました。食事が終わって2軒目に行こうということになり、3人はタクシーを拾うことになりました。

この時、部下の営業マンはすぐに体が動きませんでした。彼の上司は顧客と話をしながら手を挙げタクシーを拾おうとしたのですが、そこで、すかさず顧客企業の担当者は言いました。「上司にタクシーを拾わせてどうするの？　あなたが拾うんでしょ！」

上司はすかさず「すみません。私の教育が行き届いてなくて」と謝りました。しかし、顧客企業の担当者はこの時を狙っていたかのように「ところで、例の値引きの件ですけどね。もう少し頑張ってもらえませんか？」と切り出してきたのです。

部下の動きが悪かったことと、値引きの件は直接関係ありません。

しかし、交渉には流れというものがあるのも事実です。またその場の力関係というものも大きく影響してきます。

顧客企業の責任者は部下の動きが悪かったことをうまく利用し、上司に「すみません」と言わせて会話の主導権を握ろうとしたわけです。

仕事の場では、常に誰かが、あなたの言動をチェックしているものなのです。

◇上司もあなたの「顧客」?

出世するためには、上司に関して超えなければならないカベがふたつあります。ひとつは上司を顧客と思えるかどうかというカベ。もうひとつは、直接的に利益にならないことでも割り切るというカベです。

両方が達成できた時、あなたの「稼ぐ力」は一気に高まります。

本書では、すでに何度も指摘しているのですが、出世において直属の上司の評価は極めて重要です。上司はあなたの評価や、場合によっては昇進の決定権を握っています。つまり、上司に気に入られなければ、あるいは上司から必要と認められなければ、出世することは難しいわけです。

そうなってくると、**上司は同じ会社内にいるものの、広い意味では自分にとって顧客ということになります。**

ビジネスは顧客が自分の商品や提案を気に入ってくれなければ成立しません。それと同じことが上司にもあてはまるということです。**上司を顧客と思えるのかどうかは、出世における最初のカベとなるのです。**

しかしながら、そう簡単に心の整理がつかないのが人間というものです。顧客からボロクソに責められて何とかガマンできても、相手が上司となるとそうはいかなくなるという人は結構多いのです。

その結果、顧客に対しては、何を望んでいるのかを常に考え、先回りして提案ができているにも関わらず、上司に対しては同じように振る舞えないのです。これはどう考えても合理的ではありません。

そうなってしまうのは、上司のことを自分の身内と思っているからです。家族の問題をドライに考えることができないのと同様、一種の身内である上司に対してもドライになれないわけです。

しかし、稼ぐ力のある人は非常にドライです。上司を明確に顧客と捉え、それを基準に上司に対する行動も決めているのです。

次のカベは、上司を顧客と見た場合の利益に関する捉え方です。

相手が外部の顧客の場合、いろいろ神経を遣ったとしても、報われるタイミングがすぐにやってきます。しばらくすれば、顧客からの発注といった形で成果を手にすることができるからです。しかし、上司の場合、そうはいきません。

上司は外部の顧客ではありませんから、上司に対する振る舞いが、すぐに実利に結びつくとは限りません。何年か経ってから、それが効果を発揮する場合もあるでしょうし、最悪の場合には、どれだけ努力してもそれが報われないかもしれません。場合によっては、効果があったのかどうかも分からないというケースが出てくるでしょう。

それでも、上司を顧客と見立てた対応はずっと続けていかなければなりません。考えようによっては、実にバカバカしい話ですが、そうであるが故に、これがふたつ目のカベとなって立ちはだかっているわけです。

上司を顧客として扱うというのは、内容的にはそれほど難しい話ではありません。しかし、これをコツコツと継続していくのは、とても難しいことと言えるでしょう。

逆に考えれば、**それをやりきることができれば、出世への道は大きく開けてくると解釈することもできます。**

精神的には多少キツくても、チャレンジしてみる価値は十分にあると考えてよいでしょう。

◇「仕事の結果だけで評価してください」は通用しない

仕事の進め方や、日常的な細かい点について上司から指摘されると「そういう細かいところではなく、仕事の結果で評価してください」と反論する人がいます。

確かに正論なのですが、この対応はあまり感心できません。と言うよりも、正論に見えていながら、実はまったくそうではないからです。

仕事の成果で評価すべきという考え方は、「稼ぐ人」や「出世する人」に共通の価値観というイメージがありますが、そうではありません。むしろ、こうした発想は、稼ぐ力の妨げになる可能性すらあるのです。

では「仕事の結果だけで評価してください」という考えの何がいけないのでしょうか？

このような考え方をする人は、**「仕事の結果だけで評価が決まり、それ以外のことは関係ない」という会社はほとんど存在しない、という事実にまず気付くべきでしょう。**

日本企業の多くは仕事の結果よりも、協調性など共同体での振る舞いをより重視しています。今、筆者は「日本企業の多くは」と述べましたが、外資系でも状況はあまり変わりません。

振る舞いのルールが日系と外資系で違っているだけで、成果だけが求められているわけではないという点では両者にあまり違いはありません。つまり、評価に対する考え方は基本的に同じなのです。

さらに言えば、相手の心理という問題もあります。

人間はコンピューターではありません。感情を持った動物です。いくら正論であっても、上司がせっかく仕事の進め方を教えているのに、それを拒絶して「結果だけを見ろ」と言われれば、面白いわけがありません。

相手はごく普通の心理として「そこまで豪語するなら、よっぽどいい結果を出す自信があるんだろうな」ということになってしまうでしょう。

大したことのない結果だったら「それ見たことか」となるに違いありません。**このような人は、自分自身で評価のハードルをどんどん上げてしまっているわけです。**

話は少しそれますが、小学生の学力と朝食には強い相関があることが知られています。朝食を食べる子供には成績がよい子供が多いそうです。

この結果はあくまで朝食を食べる子供は成績がよいことを示しているだけで、朝食を食べない子供は勉強ができないと言っているわけではありません。しかしながら、クラスの子供全員に朝食をきちんと食べるように指導すると、不思議なことですが、クラス全体の成績が向上するのです。

その理由は、おそらく朝食を食べる子供は生活のリズムが規則正しく、それが間接的に勉強時間の確保につながっているからと考えられます。

したがって直接勉強とは関係なくても、全員に朝食をきちんと食べさせれば（つまり生活のリズムを規則正しくさせれば）、成績は向上するわけです。

仕事とは直接関係ない上司の小言には、同じような効果があります。仕事の進め方や振る舞いがしっかりできていると、結果的に成果も付いてくるわけです。もう少し難しく言うと、**整理整頓や挨拶といった、一見仕事とは関係ないルールは、実は普遍化、抽象化された仕事のノウハウであることが多いのです。**

小言を言っている上司もこのメカニズムを知らないかもしれません。しかし、上司の小言を守っていれば、結果的に仕事もうまくいき、稼ぐ人になるのであれば一石二鳥です。とりあえずニコニコして「ハイ分かりました」と言っておけばよいのです。

◇体育会系が出世しやすいと言われる理由

以前ほどではありませんが、就職や出世において、体育会系の人は、いわゆる文化系の人に比べて有利だと言われています。

ただし、体育会系が有利だと言っても、クラブ活動のコネが効くといったレベルの話ではありません（一部にはあるでしょうが）。むしろ、体育会系タイプの人は出世しやすい要素を多く持っているという意味です。

では体育会系の人はどういう点で出世しやすいと思われているのでしょうか？

よく言われるのは、**体育会系の人は上下関係の構築に慣れており、上の人に従順であるという点です。**

最近では会社もずいぶんフラットになってきましたが、会社の組織はあくまで上下関係が基本となります。時には理不尽な話も上から降ってくるわけです。

このような時、体育会系の人はその状況に慣れているので、あまり慌てません。また、自分に非がなくても、上が怒っているなら、とりあえず「申し訳ありません」と謝るクセがついています。

非がないのに簡単に謝ってしまうのは、それはそれで問題なのですが、現実には、とりあえず謝ってしまうことで、たいがいの問題が解決するというのも事実です。

さらに言えば、体育会系の人はスポーツをやっていたわけですから、少なくとも基礎体力はあると思われています（実際はそうでもなかったりするのですが）。

実際、若手社員の段階では、体力さえあれば片付くという仕事も少なくありません。とりあえず、素直で体力がありそうな人を採っておけば大丈夫という会社側の意図には、ある程度の合理性があるわけです。

彼等独特のメンタリティも仕事には有利に働きます。

会社の仕事の中にはバカバカしいと思われるものも多くあります。体育会系の人は、一見バカバカしいと思えるトレーニングを延々とこなすことができます。と言うよりもトレーニングそのものを自己目的化することができるのです。彼等は「何のためにこれをやるんですか？」などとは言いません。

これらの特徴は、運動と勉強という違いはありますが、いわゆる高学歴の勉強エリート君とも共通する特徴と言えます。

勉強エリート君の多くは、学校の先生や親など、上の立場の人に従順です。しかも、受験勉強という、ある意味で、非常に無意味なものを自己目的化して、全力投球することができます。勉強エリート君が会社で出世しやすいというのも同じ理由なわけです。

完璧に見える体育会系エリート君と勉強エリート君ですが、最近はその評価が少し下がってきていると言われています。それは、日本社会が成熟化するとともに、ＩＴ化が急速に進展しているからです。

高度成長の時代までは、日本は先進国がやっていることを真似て、２倍努力すれば、すぐに成果が得られました。会社では、上に従順で、とにかく頑張れる社員が必要とされたわけです。

しかし、今は状況が大きく異なります。

ただ頑張るだけでは十分な付加価値を生み出すことはできません。すでにあるモノをうまく組み合わせたり、ユニークなアイデアを加えて、新しい価値を創造することが強く求められているのです。

この手の作業には、体育会系や勉強エリートよりも、どちらかと言うと、オタク的な人の方が向いています。**これからの時代は、オタク的なセンスを持ちつつ、体育会系のノリにも付いて行ける人が、もっとも「稼ぐ人」になってくるでしょう。**

◇「情報」は出世のカギ

会社の中で誰が出世するのか分かれば、いろいろと便利です。

出世する人と親しくできれば、将来的に何かと都合がよいでしょう。また、出世する人というのは、会社からの評価が高い人ですから、その人の振る舞いを参考にすれば、自分自身の出世にも役立ちます。

会社によっては幹部候補となる人材を明示的に選抜するところもありますが、多くの場合、誰が出世する可能性が高いのかは、公にはされません。皆、社内の雰囲気で何となく推察しているわけです。

しかし、現実には、明確な兆候というものが存在しています。それは情報です。

出世しやすい人には、情報が集まりやすいと言われていますが、これは事実です。

出世できる人は、ほぼ例外なく一定以上のレベルの仕事をこなす能力を持っています。

このため、仕事ができない人に比べると、仕事に関する情報が多く集まってくるという特徴があります。また、**上司や部下、顧客とのコミュニケーションが上手である可能性も高いので、上からも下からも情報は集まってきやすいのです。**

あるコミュニティでキーパーソンになっている人に情報が集中するというのは、学術的にも証明されています。キーパーソンになっている人のところには、電話や電子メールが殺到しますが、そうでない人のところはさっぱりです。

個人ごとに電子メールの受発信量をチェックすれば、誰が出世するのか、実はたちどころに分かってしまうのです。

この手法は、学術成果の評価にはよく利用されています。どの論文が誰からどの程度引用されているのかを追跡調査すれば、誰がその分野のキーマンなのか一発で分かるというものです。

高分子の構造解析でノーベル化学賞を受賞した田中耕一氏は、ノーベル賞を受賞するまで日本では完全にノーマークな存在でした。

日本は実力よりも学歴や地位などの権威がモノを言う社会です。博士号も保有しておらず、企業の一研究者でしかなかった田中氏に注目する人などいなかったわけです。

しかし、ノーベル賞の受賞者選定委員会は、関連する論文の引用元を丹念に調べていました。田中氏の論文は多くの有力な学者に参照されており、その世界の中心人物であることは明白だったのです。こうして田中氏の受賞が決まりました。

もちろん会社では、誰が誰と何通メールをやり取りしているのかは、システム部でもない限りは分かりません。では現実の社会において誰が情報のキーパーソンになっているか、知ることはできないのでしょうか？　そんなことはありません。

情報とは不思議なもので、情報を持っている人がよほど神経質に隠匿しない限りは、情報を持っていることが周囲には分かるものです。

例えば会社の同僚に関するちょっとした噂話、会社の経営方針に関する話、取引先の話など、何気ない会話であっても、ホンモノの情報を持っている人の話には、どこか信頼性を感じさせるものがあります。情報通のフリをしている人とは違う雰囲気が感じられるのです。

社内の出世候補をいち早く知るためには、注意深く周囲を観察し、誰が質の高い情報を持っているのかを考えるのが早道です。

もし自分が他人よりも情報を持っているという自覚があれば、それは自分も出世候補になっているひとつのサインかもしれません。逆に自分があまり情報を持っていないようであれば、誰が情報のキーパーソンなのかを突き止め、対応策を講じた方がよいでしょう。

◇楽天英語公用化の本当の意味

楽天やユニクロといった会社で英語が公用語となったことが大きな話題となりました。一般論として「稼ぐ人」になるために英語は必要か？という質問に対しては、やはり「イエス」という回答になります。

日本は同じ言語を話す約1億2000万人の国民が存在し、中国に抜かれたものの、世界第3位の市場規模があります。しかも、歴史的に見て、自ら近代化を成し遂げることに成功した数少ない国であり、あらゆる文献が日本語に翻訳されています。

日本人は当たり前だと思っていますが、このような環境は、ごく一部の先進国だけが享受できる特権であり、世界では非常に珍しいことなのです。

ただし、巨大な自国市場が存在することは、世界とのカベを作る原因にもなります。日本以外の市場でもビジネスをしようと思った場合には、共通語である英語ができた方がよいのは、ある意味で当然のことと言えるでしょう。

しかし、**楽天の英語公用化には、もう少し違った意味も含まれています。**「稼ぐ人」になるためには、こうした微妙な部分にも気を回す必要があるのです。

楽天で英語を公用語にするのは、楽天がグローバル企業になろうとしているからであり、これは疑いようのない事実です。しかし、角度を変えると、三木谷浩史氏という絶対的な立場にある創業社長からのメッセージという別の側面も見えてきます。

楽天の入社式で三木谷氏は新入社員に対して英語でスピーチを行いました。この入社式のテーマは「ベンチャー企業への回帰」となっており、その後、このキャッチフレーズは社内のあちこちで使われています。

三木谷氏が本当に主張したかったことは、おそらくこちらの方です。

筆者も会社をいくつか立ち上げた経験があるのでよく分かるのですが、ネット企業に限らず、新しくベンチャー企業を創業するとなると、フツーのサラリーマンにとっては想像を絶するようなハードワークとなります。

会社に泊まり込みなど当たり前、平均睡眠時間2~3時間で、それこそ馬車馬のように働きます。三木谷氏も多かれ少なかれ同じような状況であったはずです。

しかし、会社が軌道に乗り、社員も増えてくると、どんどんフツーの会社になっていきます。働きやすいとか、社員に優しいといったキーワードが重視されるようになってくるわけです。

その結果、創業社長は、「自分が創業した時とはあまりにも違いすぎる。こんな状態で高い成長が維持できるのか？」と不満に思うようになります。

ソフトバンクの孫社長が「ウチの会社はこのままでは自転車操業状態になります」と進言した経理担当者に「何言ってんだ。自転車操業を乗り越える方法を俺が教えてやるよ。もっと早く自転車を漕ぐんだ」と平然と言ってのけた話は有名です。

日本電産の永守社長に言わせれば「朝5時にバチーッと目が覚めて今日も仕事ができるぞー！　何て嬉しいんだ！と叫ぶようでなければダメ」なのだそうです。

日本の経営者などまだまだ上品な方です。アップル創業者の故スティーブ・ジョブズ元会長が部下を叱責する時は、常に放送禁止用語のオンパレードでしたし、マイクロソフトのビル・ゲイツ元会長の罵詈雑言も昔は本当にひどいものでした。

創業社長にしてみれば、「俺が英語と言ってるんだから英語なんだ」というワケです。

こうしたマッチョな社風に対しては、当然、反対意見もあるでしょう。しかし、「稼ぐ人」が理解しておくべきなのは、**創業社長というのは、多かれ少なかれ、このようなマインドを持っているということです。**

こうした創業社長のマインドを理解した上で行動する人と、そうでない人とでは、トップとのコミュニケーション能力に差がつくのは当たり前のことなのです。

第3章

なぜあなたは会社で「評価」されないのか？

◇始業と同時にトイレに行く人は出世できない

営業マンなど、外で仕事をする人はそうでもありませんが、管理部門など一日中オフィスの中で過ごす仕事の場合、あなたの行動は思いのほか他人から見られています。

筆者はこれまで多くの成功したビジネス・パーソンと話をしてきました。人はいろいろなタイプがありますから一概には言えませんが、**成功者には何らかの共通点があるものです。一方で、なかなか成功できないという人にも、多くの共通点があります。**

会社で出世できない典型的なタイプのひとつに「トイレの行き方が下手な人」というのがあります。特に目立つのが、始業時間が始まってすぐにトイレに行ってしまう人です。トイレに行くのは生理現象ですから、これを我慢しろという話ではありません。しかし、生理現象であるが故に、これをいかにコントロールできるのかが、非常に重要となってくるわけです。

出世できない人というのは、一般的にトイレへの行き方が下手です。と言うよりも、時間管理や周囲の状況の把握が苦手なため、肝心な時にトイレ休憩で離席してしまうのです。このため、不必要に周囲に対して悪い印象を与えてしまいます。

最悪なのは、始業時間ギリギリに出社して、始業とほぼ同時にトイレに駆け込む人です。会社に着くと多くの人がメールを確認したり、今日の仕事の段取りを組んだりと、しばらくの間、慌しい時間となります。また病欠の連絡や顧客からの予定変更連絡なども朝の時間帯に集中することが多くなっています。

このような時に席をはずし、皆がメール確認やスケジュール調整を終えた後に戻ってきて、そこから仕事の段取りをするようでは、当然、周囲とのコミュニケーションがうまくいかなくなってしまいます。

このように書くと、トイレに行きたくなるのはしょうがないことではないか？　という反論の声が聞こえてきそうです。確かにそれは正論なのですが、正論であるが故に、その内容は少し検証した方がよいのです。

自己管理がうまくない人ほど、トイレなどの生理現象や、病気を不可抗力と考える傾向が強くなっています。確かにこれらは不可抗力なのですが、**上手に管理することで、その影響は最小限に抑えることが可能なはずです。**

例えば9時に始業の会社であれば、午前中は12時までの3時間しかありません。その中で効率よく業務を行うためには段取りのよさがモノを言うことになります。

仕事の段取りをうまく設定するためには、自分だけでなく周囲の仕事状況の把握が極めて重要となります。

自分の書類がすぐに書き上がっても、それをチェックする上司の時間が確保できなければ、そこで仕事は滞ってしまいます。

上司がどのような時間軸で仕事をしているのか、どこが業務上のボトルネック（仕事の進捗の障害となっている部分）になっているのかを正確に把握することができれば、もっとも効率のよい順番で仕事を進めることができるようになるでしょう。

このような段取りを考えるのであれば、どこでトイレに行っておいた方がよいのかは自然と明らかになってくるはずです。

もし始業時間の近くでトイレに行くことが多いということが分かっていれば、もう少し早く家を出るといった対策が可能となります。

これは、旅行先などでトイレ休憩の取り方が上手なことと基本的には同じことです。**物事の段取りが下手な人は周囲からタイミングの悪い人と思われてしまうのです。**

段取りが上手な人は、相手の行動をよく観察している人です。これはビジネスにおいて非常に重要なスキルであることを忘れてはなりません。

◇タイミングが悪い人が気づくべきこと

一生懸命やっているのに、何故かタイミングが悪くて成果に結びつかない人がいます。また肝心な時に限って体調が悪くなる人もいます。

非常に気の毒ではあるのですが、このような人は本当に１００％運が悪いのでしょうか？　筆者はそうは思いません。

確かに物事のタイミングは偶然に大きく左右されます。しかし、**タイミングが悪いことや体調が優れないことは、必ずしも偶然ではありません。**本来であれば、避けられるはずの事態かもしれないのです。

あるマンション販売会社に勤めているBさんは、社内ではタイミングが悪いことでちょっとした有名人になっています。

Bさんの会社は完成したワンルーム・マンションを個人のお客さんに販売する業務を手がけており、営業が仕事のBさんは見込み客に電話をかけるのが日課となっています。

ある時Bさんは購入を迷っているという顧客に何度も電話したのですが、なかなか電話がつながりませんでした。

そのうち週1回の営業会議の日がやってきて、Bさんが状況を報告すると、上司の営業課長はBさんを叱責しました。

上司「B君、電話かけるのサボってたんじゃないの？」

Bさん「いえ、何回もかけているんですが、いつも不在なんです」

上司「何回かけたの？」

Bさん「数えてませんが、10回くらいかけてます」

上司「もっとかけなきゃダメだよ。今かけて今！」

Bさんが電話をかけると、何と相手は電話に出たのです。「だから言ったろ！」と言う上司に対してBさんは何も答えることができませんでした。

Bさんの電話のタイミングが悪かったのは、おそらく偶然でしょう。しかし、会社という組織で成功しようと思うのなら、それではダメなのです。

Bさんの最大の問題点は、タイミングが悪いのは自分のせいではないのだから「しょう

がない」と思っていることです。そこが大きな問題なのです。

確かにタイミングが悪いのは本人のせいではないのかもしれません。しかしBさんはタイミングの悪いことが多く、周囲からもそう見られていることは自覚しているはずです。もし、自分がそうだと分かっているなら、そのイメージを払拭するための努力をしなければならないのです。

同じ上司であっても、日頃から一生懸命頑張っているというイメージのある人に対しては、電話がつながらなくても、Bさんと同じような対応はしなかったでしょう。

Bさんは、ちゃんと電話を繰り返していることを上司に知らせるための努力や、場合によってはちょっとしたパフォーマンスが必要だったのです。

しかしBさんは、結果さえよければ上司は公平に評価してくれる、もっと言うと、上司は結果のみで公平に評価すべきだと考えていたのかもしれません。確かにそれは正論ですが、世の中はそんな立派な上司だけではありません。そうでない上司がいることを前提にBさんは行動すべきでした。

厳しいようですが、タイミングが悪い人なのに、何の対策もしないというのは、背が低いバスケット選手が、背が低いことを補う努力を何もしないのと同じことなのです。

◇書類も「見た目」が大事

書類の体裁はビジネスにおいて極めて重要です。いくら体裁が大事と言っても、中身のない資料ばかり作っていては誰にも評価されません。しかし、中身がよくても、見栄えの悪い書類しか作れないというのでは、仕事の成果に大きく影響してしまいます。

書類はあくまで中身で勝負するものであって、外見を気にするのは邪道だという意見も根強くあります。確かにその通りですが、筆者はそれでも体裁は重要だと考えます。と言うよりも、**「外見よりも中身で勝負」という思考回路そのものが、大きな落とし穴になっている可能性が高いのです。**

筆者がサラリーマンをしている頃、隣の部署のある社員が上司から資料の作成を指示されていました。内容はそれほど重要なものではありませんでしたが、営業用の資料なので、社外の人も目にするものでした。

資料を上司に提出した社員は、上司からこう言われていました。

上司「○○君。中身はこれでいいけど、もっと見た目をカッコよくしてよ」

デザインや装丁を変えるとかなりの手間になってしまいます。社員はこう反論しました。

部下「ほかの仕事もあるので、このままではダメでしょうか？」

上司「でもキレイな方が見栄えがいいでしょ。とにかく作り直してよ」

部下「外見ばかり整えても意味がありません」

上司「いいから作り直して！」

結局、彼は資料を作り直したのですが、上司の様子はずっと不満そうでした。

しかし、その1年後、彼は別の部署に異動して上司が変わったのですが、そこで大きなカルチャーショックを受けたそうです。

前回とまったく同じ状況に出くわしたのですが、今度の上司は、なぜ見栄えをよくする必要があるのかを彼に説明し、彼はこの説明に反論できなかったのです。

資料の見栄えをよくして欲しいと伝える所までは前回の上司と同じでした。違うのはここからです。

上司「確かに外見ばかり整えるのは意味がないかもしれないね」

「でも、ちょっと考えてみて」

「今まで君の回りでどんな人が評価されていた？」

「愛想がよかったり、ゴマスリがうまかったりする人じゃなかった？」

部下「そうかもしれません」

上司「つまり実力のない人ほど、外見でしか人やモノを判断できないんだよ」

「君は、わざわざ評価されない資料を出していることになるよ」

彼は、頭では、外見をよくした方が仕事がうまくいくことについて理解していました。それにも関わらず、外見を整えることを意識して実行していませんでした。それは、外見を整える作業が面倒だったからです。

「外見じゃない。中身だ」という主張をする人は、①周囲の人が外見でしか判断していないという事実に気付いていない、②分かっていても面倒なので実行していない、③外見を整える能力がないことの言い訳にしている、のいずれかです。

本当に中身のある資料を作れる人間であれば、たとえバカバカしい作業であっても、体裁を整えることくらい簡単なはずです。中身があるのに、外見が整えられていないというだけで評価されないなど、それこそバカバカしいことです。

周囲の人間の評価能力が低いということを前提にすれば、書類の見栄えをよくすることは必須要件と言えます。それなのに、外見を整えることをあえて実行しないというのでは、「稼ぐ人」にはなりにくいでしょう。

◇たまに大きな成果を上げても意味がない

自分の方が成果を上げているのに、ライバルの方が高く評価される。もしそう思っている人がいたら、そのライバルの様子をじっくりと観察してみてください。

会社での評価は決して合理的に決まるものではありません。かなりの部分がイメージに左右されているというのが現実です。あなたとライバルは、それぞれどのようなイメージになっているのか比較すると、そのナゾが解けてくるかもしれません。

たまに大きな成果を上げる人と、常にまずまずの成果を上げる人ではどちらが出世しやすいでしょうか？　**会社からの評価が高く出世しやすいのは、常にまずまずの成果を上げる人の方です。**

なぜそうなってしまうのかは、日本の会社のルールを考えてみれば分かります。

中小企業の場合は必ずしもそうとは限りませんが、大企業の場合、ほとんどが終身雇用を前提とした体系となっています。つまり、よほどのヘマをしない限りは、全員が定年まで勤め上げることができるわけです。

この環境しか経験したことがない人にはあまりピンとこないかもしれませんが、これは、平均的ビジネス・パーソンにとっては、破格の報酬と言ってよいものです。

例えば、プロ野球選手などは、高い報酬をもらっていますが、いつクビになるか分かりませんし、成績が少しでも落ちるとすぐに戦力外通告をされてしまいます。とりあえず定年まで働く場所があるということは、それだけでかなりの経済的メリットがあるのです。

この雇用体系を維持するためには、成果を上げた人だけに高い給料を支払うわけにはいきません。大きな成果を上げた人にも、そうでない人にも、ある程度均等に給料を払い、全体のバランスを取ることが、全員の終身雇用を保障しているわけです。

日本企業のこうしたやり方には賛否両論があるでしょう。しかし現実がそうである以上、その制度を前提に、仕事を進めていくことが重要となります。

このような雇用体系では、ある一時期、大きな成果を上げたことはあまり意味をなしません。一人が大活躍してその人だけが大きな報酬を得るよりも、皆がそこそこの成果を上げ、その果実を全員でシェアする方が組織にとっては好ましい仕事のやり方なのです。

そうなってくると、たまに成果を上げる人よりも、どの部署にいっても、常にますますの成果を上げる人の方が会社としては評価しやすくなります。

仕事の成果が出ているのに、自分の評価が低いと思っている人は、この点に気付いていない可能性があります。一時期の成果は評価対象にはなるのですが、大きな評価ポイントになるとは限らないのです。

もっと分かりやすく言えば、会社での評価は、小学校や中学校における人物像と大して変わらないのが実態なのです。

昔のことを思い出してみてください。常に勉強のできる（と思われている）子は一回くらい悪い点を取っても、たまたま悪かったのだとしか思われません。逆にふだんそれほど目立たない子が100点を取ってもその時は驚かれるかもしれませんが、やはり、たまたまだとしか思われないでしょう。

スポーツも同じです。スポーツが苦手というイメージのある子が、ある種目でいい成績を残しても、周囲はそのように認識しません。逆にスポーツが得意というイメージのある人は、多少ダメなところがあっても、その部分は印象に残らないのです。

つまり、常にコツコツと働き、一定の成果を上げ続けている人の方が、仕事ができるというイメージが定着している可能性が高いのです。こういった要素は意外と評価に影響するものなのです。

◇叱られ上手は出世上手

どんなに優秀な人でも若いうちは上司からひどく叱られた経験を持っているはずです。しかし、同じ叱られるにしても**出世する人は叱られ方がうまいという特徴があります。**と言うよりも、出世できない人は叱られ下手と言った方がよいかもしれません。

つまり、同じことをやっても人によって叱られ方が変わってくるのです。**上手な叱られ方を身につけることは、ビジネス・パーソンにとって、非常に重要なことです。**

叱られ方が下手で、上司の怒りを倍増させてしまう人にはいくつかの特徴があります。特に顕著なのが、①すぐに謝らない、②話を最後まで聞かない、の2種類です。このふたつは基本中の基本なのですが、これが原因で無意味に叱られる人が大勢います。

会社の仕事は最終的には上の人が責任を取らなければなりません。特に若いうちは責任ある仕事が任されるわけではありませんから、部下の失敗はすべて上司の責任になるわけです。つまり、若い社員というのは責任を取るような立場にすらないわけです。

そうなってくると、部下のミスに対して上司が怒るのは、責任を追及しようとしているわけではなく、ただ怒っているだけということになります。

ただ怒っているだけの相手に対して、もっとも逆効果なのが、先ほど例にあげた、話を聞かない、謝らない、という行為なわけです。

これは上司に限らず、顧客からのクレームについても基本的には同じです。

怒っている相手に「はあ」などと、やる気のない返事をしていたら、火に油を注ぐのは目に見えています。まずはきちっと謝るのが先決であり、これができていれば相手の怒りをかなり抑えることができます。

では、怒る上司に対して、なぜ多くの人がすぐに謝らないのでしょうか?

それは、彼等が皆、自分は悪くないと考えているからです。話を最後まで聞かない人も、基本的には同じです。

すぐに謝らない人は、なぜかプライドが高く、自分は相手から怒られるような立場の人間ではないと考えています。このため、相手が自分のことを批判するのが耐えられないのです。

このような人は、根本的に会社という場所を勘違いしています。会社は誰が正しく、誰が間違っているのかを認定する場所ではありません。指揮系統に基づいて集団で仕事をする場所です。そもそも、上司と部下に善悪の概念を持ち込む方が間違っているのです。

よく考えてみてください。

善悪を判断するということを前提にしてしまうと、最終的には暴力が必要となります。片方が善を主張し、もう片方も善を主張したらどうなるでしょうか?

どちらかが妥協して引き下がらなければ、最後は銃で撃ち合うことになります。これを回避するためには、より強い暴力を持った人が、暴力を背景に裁定を下すしか殺し合いを避ける方法はなくなります。

こうした仕組みを、洗練化、普遍化したのが、現代の裁判制度なのです。法的な解決の背景には国家という暴力が存在していることを忘れてはなりません。

そもそも会社にはこうした概念を持ち込んではいけないのです。

会社というゲームでは、役職という仮想的な立場の違いがあり、上からの指示にしたがって仕事をこなしていくというルールが設定されているわけです。会社というのは、それ以上でもそれ以下でもありません。

この割り切りができれば、自然と叱られる回数は少なくなり、結果として稼げる人になってきます。そうなってくれば、出世するのはたやすいことでしょう。

◇長距離走が得意な人は出世に向いている

長距離走が得意な人は出世に向いています。

長距離走が得意と言っても、実際に1キロを何分で走るかという話ではありません。タイプとして長距離走が得意な人は、会社で出世しやすいという意味です。

人には大きく分けてふたつのタイプがあります。瞬発力重視の短距離走型と持久力重視の長距離走型です。特殊技能や芸術的センスを必要とする仕事は短距離走型が有利なこともありますが、一般的な会社の仕事の多くは、圧倒的に長距離走型に有利です。

長距離走で勝つためには、まず全体のペース配分を事前にきっちりと行っておくことが重要となります。

最初に飛ばし過ぎるとラストスパートがかけられなくなりますし、かと言ってトップ集団から遅れてしまうと後で挽回するのが難しくなります。自分の体力とペースを基準にしながらも、レースの状況を見極めて柔軟に対応する必要があるわけです。

一方、短距離走の勝ち負けに駆け引きはあまり関係しません。むしろレースの瞬間に自分が持つ能力を最大限発揮することが重要となります。短距離走の場合には、自分で決めたペース配分については、よほどのことがない限り変更することはないでしょう。

会社での出世競争は明らかに長距離走型に近いと考えてよいと思います。50代である程度、キャリアが完結すると考えれば、30年にもわたる長期レースとなるわけです。しかもその間に会社内部の状況は確実に変化することになりますから、これを自分でコントロールすることは難しいと考えるべきでしょう。

つまり出世競争に代表されるような長距離レースというのは、自分の調子がよい時に勝負がかけられるとは限らず、最悪の場合、調子が悪い時に勝負を求められたりするものなのです。

そうなってくると、自分の都合がよい時に、とてつもなく高いパフォーマンスを上げることができても、あまり意味がないということになります。**むしろどんな時でも一定レベル以上の成果を継続して出し続けることの方がずっと重要になるわけです。**

出世しやすいタイプの人は、仕事をあまり選びません。どんな仕事を与えられても、常にベストを尽くして取り組み、それなりの成果を上げ続けます。

しかも、ベストを尽くすと言っても、力を出しすぎてダウンするようなことはしません。ペース配分は忘れず、自己をしっかりとコントロールしています。

このタイプの人は、月曜日には調子が出なかったり、金曜日の午後に上の空になったりしません。

新入社員の時に課せられる、一見、無意味と思われる下積み的な仕事にも積極的に取り組みます。ある程度役職が上になり、不幸にも左遷と思われる部署に異動させられても、やはり仕事に全力で取り組みます。

もちろん人間ですから、気持ちにムラがあるのは当たり前なのですが、それを上手にコントロールしているのです。そしてここが勝負時ということになったら、それこそ石にかじりついても努力します。

常にベストを尽くし、しかも、気持ちや行動にムラがないというのは、端から見れば何ともツマラナイ人間にも見えます。ふだんは少々だらしなくても「やる時はやるんだ」くらいの人の方が魅力的かもしれません。

しかし、現実問題として、**ツマラナイ人の方が出世には強いのです**。

完全に真似はできなくても、その行動パターンにできるだけ近づけるよう努力する価値はあるはずです。

◇敵を作らないことは重要

人は喜びの感情はすぐに忘れてしまいますが、怨《うら》みの感情はなかなか消えないと言われています。**社内で一旦敵を作ってしまうと、その後の対応は極めて難しくなります。敵を作らないことは、成果を上げることよりもずっと簡単な出世の方法と言えます。**

広告代理店に勤務するFさんは、営業部門のトップセールスマンです。広告代理店は、クライアントへの営業力がすべてですから、営業は花形部署と言ってよいでしょう。

Fさんが勤務する会社には、全体の営業状況を管理する営業管理部という部署がありました。その部署は、各営業部門から報告書を集め、会社の役員会に向けて営業進捗資料を作成するのが主な仕事でした。

各営業部門は毎月の進捗状況を所定のファイルに記載して営業管理部に送らなければなりません。Fさんは常々その仕事が嫌でたまりませんでした。

「こんな報告書を書いているヒマがあるのなら、得意先の担当者と会ってビジネスの話がしたい」といつも思っていたわけです。

あるときFさんは、クライアントからの発注が相次ぎ、顧客対応に追われていたことから、どうしても月末の報告書が間に合わず、テキトーに書いて遅れて提出しました。営業管理部からは、書類を完全にして提出して欲しいとお願いする連絡がありましたが、仕事が立て込んでいて少しイラついていたFさんは「少し遅れたくらいはそっちで調整してくださいよ」「営業あっての会社でしょ！」と言ってしまったのです。営業管理部の担当者は渋々「分かりました……」と答えました。

その後、役員会が開催されました。役員会が終わった後にFさんの部署の担当役員が血相を変えて戻ってきました。Fさんの上司である課長が呼び出されています。課長はその後いくつか電話をしたあと、Fさんを呼びました。

課長「役員会の資料にウチの部署の数字が入ってなかったそうだ」
Fさん「営業管理が悪いんです。僕はちゃんと出しましたよ」
課長「営業管理は数字が入っていなかったと言っている」
Fさん「そんなはずありません。あいつらふざけやがって」

課長「君。まだ分からないのか？」

Ｆさん「？？？？」

Ｆさんは営業管理部に仕返しされたのです。

営業管理部の課長はＦさんの上司からの電話に、白々しく「何度もお願いしたのですが提出していただけなくて」と説明したそうです。完全な確信犯と言ってよいでしょう。役員会では「なぜ数字がないんだ？」との質問も出たそうですが、いつも資料を完璧に作る営業管理部が数字を出してこないということはよほどのことだと考え、営業管理部の言うことを信じたそうです。

Ｆさんは怒りに震えましたが、課長といっしょに営業管理部に行き、提出の不備を謝罪しました。営業管理課長は勝ち誇ったような顔をしていたそうです。不条理な話ではありますが、これが組織の現実でもあります。

Ｆさんには自分は営業で会社の屋台骨を支えているという自負がありました。それはあながち間違ってはいません。しかし、事務手続きをする部署の人がいてはじめて仕事は成立します。彼等にとって、Ｆさんは鼻持ちならないヤツに見えたわけです。

出世において敵を作らないことはとても重要なことなのです。

◇タクシーで住所だけを告げる人はダメ

タクシーに乗ると急に横柄になる人がいる一方で、運転手に対して過剰に下手に出てしまう人もいます。タクシーに乗ると、その人の素顔を垣間見ることができます。

ところでタクシーで運転手に目的地を告げる際、あなたは、どのように説明しているでしょうか？　もし住所だけを唐突に告げているようなら少々危険信号と言えます。**タクシーでの目的地の告げ方と仕事がデキるデキないには、微妙な関係があるのです。**

住所は目的地に関する重要な情報のひとつです。住所を告げること自体が悪いわけではありません。ただ住所という単一の情報源だけではコミュニケーションのツールとして少々不十分です。

特に大都市になると住所は無数に存在しているので、相手がその住所を知らない可能性もあります。住所の情報だけでは、もし相手が分からなかった場合には、まったく手がかりがなくなってしまいます（最近はほとんどナビがついているので何とかなりますが、そのやり取り自体が非効率です）。つまりイチかゼロかという危険な賭けになってしまうわけです。

場所を示すための情報は他にもいろいろあります。

有力な方法のひとつはランドマークとなる建物などを指示するというやり方です。駅、ビル、ホール、野球場など、有名なランドマークを選べば相手が知らない可能性は少なくなるので、おおよそは行きたいところを伝えることができるでしょう。

もうひとつは通りの名前を告げるという方法です。最終目的地をはっきりさせることはできませんが、目的地までの道筋はかなりはっきりしてきます。目的地にランドマークがない場合には有効と言えるでしょう。

要するに目的地を告げるやり方にはいろいろな方法があり、目的地の場所や種類によって最適な告げ方は異なるということを筆者は言いたいのです。

どんな状況でも同じような告げ方をしている場合には、柔軟に物事に対処できていない可能性が高く、仕事にも少なからず影響を与えていると考えた方がよいでしょう。

相手がタクシーの運転手であれば、基本的に顧客は自分なので、どのような伝え方をしても問題にはなりません。せいぜい目的地が相手にちゃんと伝わらず、時間やお金を多少ロスするというぐらいです。

しかし、タクシーの運転手に分かりにくい告げ方をしている人は、上司や顧客など重要な相手に対しても、自分では気付かずに同じようなことをやっている可能性があります。

これでは上司や顧客を自分の意のままにコントロールするどころか、完全に主導権を相手に握られてしまいます。

ある会社では、入社試験で面接に入ってきた受験者に、いきなり最寄り駅から会社までの道のりを説明させるというユニークな質問を行っています。

ダメな受験者は総じて「右」「左」あるいは「3番出口」「5番出口」など、その場にいないと分からないキーワードで道順を説明する傾向が見られると言います。

優秀な人は、同じ「右」「左」という言葉を使うにしても、〇×方向に向かって右などより客観性の高い言い方をするそうです。

この事実は、優秀な人というのは、自分中心でなく、話を聞いている相手を中心に物事を考えているということを如実に表しています。思考の中心を状況に応じて柔軟に変更できる能力は仕事において極めて有効に作用します。これがいわゆる「稼ぐ力」です。

「稼ぐ力」を手にするたったひとつの方法とは、相手の立場に立って物を考えることなのです。

こうした心がけは、今日からでも実践することが可能です。チャレンジしてみる価値は大きいのではないでしょうか？

第4章

稼ぐ人は知っている「人脈」のゴールデン・ルール

◇あなたを引き上げるキーパーソンは誰？

会社で出世するにせよ、転職で成功するにせよ、さらには起業で成功するにせよ、人脈が非常に大事であることは言うまでもありません。

しかし、人脈はただ多くの人と知り合いになっていればよいというものではありません。**人脈とはズバリ、自分を引き上げてくれるキーパーソンとどれだけ知り合いになれるのかというゲームであることを理解すべきです。**

会社で出世するための要素にはいろいろなものがありますが、上司による「推薦」は、その中でもひときわ大きな役割を果たしています。上司は直属の上司ということもありますし、他の部署の上司ということもあります。いずれにせよ、自分を引き上げてくれるキーパーソンが必要となるのです。

筆者がサラリーマンをしている時、スタッフ部門からフロント部門に異動となったことがありました。これは筆者のその後のキャリアに大きな影響を与えているのですが、そのきっかけになったのは、フロント部門の担当役員でした。フロント部門の営業に同行した時の筆者の言動を見て、その役員が部下の担当課長に「アイツはフロント部門が向いているんじゃないか」と言ったのが、異動のきっかけだったようです。

筆者はその担当役員とそれほど面識があったわけではありませんが、これも一種の社内人脈なのです。この例をひとつとっても、仕事に直接影響する人脈は、必ずしも顔が広いこととは関係ないことがお分かりいただけると思います。

転職も同様です。

募集を見て応募する場合は別ですが、転職先のキーパーソンから「ウチにこないか」と誘われて転職するケースの場合、こうした人物からの「引き」を得られるかがすべてです。そのようなキーパーソンと知り合うためには、やたらに人脈を広げることには意味がありません。**むしろ今の仕事をしっかりとこなすことで、取引先など外部の人から評価されることの方がずっと重要になるのです。**

これは起業というフェーズになってもまったく同じです。

成功した起業家の多くが、自分を引き上げてくれる先輩実業家との出会いを経験しています。何もないところから事業を拡大することは容易なことではありません。力のある先輩実業家に目をかけられ、いろいろな支援を受けることは、起業家として成功する早道なのです。

筆者は、就職、転職、起業と、一通りのことを経験しているのですが、先ほども説明したように社内の異動の時はもちろん、転職の際にも、自分を推薦してくれる人物との出会いがありました。起業家として事業をスタートする時も、やはり筆者に目をかけてくれる先輩実業家の方が存在しており、筆者は何とか成功することができたのです。

つまり、ビジネスで成功するためには、自分を引き上げてくれるキーパーソンと出会うことが非常に重要なのです。そして、そのような人物はやたらと知り合いを増やしたからといって出会えるものではないということを知っておく必要があります。

こうしたキャリア形成に大きな影響を与える人物は、多くの場合、日常の仕事の中から現れてくるものです。

筆者は自分で会社を設立してからたった一度だけ、偶然、飲み屋で隣の席になったオジサン（実はある大手企業の大幹部だったのですが）と仲良くなり、結果として大きな仕事を獲得したことがあります。しかし、このようなことは本当にまれです。

自分の仕事にとって重要となる人脈は、今、目の前にいる仕事関係の人から生まれてくる可能性が極めて高いのです。日々の仕事をバカにしてはいけません。

◇SNSで人脈は作れるか？

人脈はビジネス・パーソンが持つべき重要な資産のひとつです。しかし、先ほど説明したように、いわゆる人脈拡大術のようなやり方で、やみくもに人脈を広げてもあまり意味はありません。

人脈と成功はニワトリとタマゴみたいなもので、社会的地位が上がれば、人脈は自然と拡大し、それがまた次の成功につながってくるものです。**人脈は、過剰に意識せず、日常的な仕事の中から、キーパーソンだけに的を絞ればそれで十分なのです。**

世の中には異業種交流会のような人脈拡大のイベントがたくさんあります。最近ではSNSのようなサービスを活用して人脈を広げようと努力している人も多いようです。

こうしたイベントやツールを活用すれば、確かに知り合いの絶対数を増やすことは可能でしょう。不特定多数の人と知り合うことがメリットになる業界というのも一部には存在しています。しかしながら、ほとんどの人にとって、こうした人脈拡大術は、それほど効果があるわけではありません。

ビジネスで成功するために重要となる人脈は、それなりの立場にある業界のキーパーソンということになります。こうした人物は、ほとんどの場合、あなたよりも立場が上です。このようなキーパーソンにとって、残念ながらあなたはそれほど必要とされてはいないのです。つまり、関係を構築したいという希望は一方通行なわけです。

そのような相手が交流パーティやSNSに参加し、あなたのような人と知り合いになろうとしている可能性は低いと考えた方がよいでしょう。

社会的地位が上がって社外の活動なども増えてくると、その人にはたくさんの人から知り合いになりたいというアプローチが寄せられることになります。

企業の経営幹部などでSNSやツイッターを多用している人もいますが、こうしたツールは一方的に自分の見解を外部に示すためや、対外的なイメージ作りのために活用していることがほとんどです。ホンネでは、これらのツールを使って人脈を広げようとは、これっぽっちも思っていないわけです。

むしろこのようなツールを経由してやってくる無用なアプローチをどうやって遮断するのかが、本人にとっては重要な課題となっていると考えた方がよいでしょう。

皮肉な話ですが、地位が上がれば上がるほど、人脈を拡大したくなくなってくるというのが現実なのです。

それでは、本当の意味で重要となる人脈を得るためには何をすべきなのでしょうか？

重要なのは、今、目の前にある仕事から始めることです。

例えば、同じ社外の人脈といっても、今の仕事に関係ある人と、ない人では、その密度は大きく異なります。やはり同じ業界の人の方が継続的な関係を維持しやすいのです。

人脈作りをしようと思うのであれば、同じ業界から徐々に始めるのがよいでしょう。同じ業界で立場が自分と同等かそれより少し上の人であれば、何らかの接点もあるはずです。その中でキーパーソンになる可能性のある人を選別し、情報交換などを通じてゆっくりと人脈を拡大していくわけです。

業界内でちょっとした人脈ができれば、そこから派生する業界にも人脈は自然と拡大していきます。

あなたが順調に出世していけば、あなたとの付き合いを維持したいと思う相手も増えてくるはずです。結果的により重要な人物とコンタクトが取れるようになるでしょう。

自身のキャリアに大きな影響を与える人脈は、こうしたやり方で十分に構築することができるはずです。

◇社内でも社外でも知名度は重要

SNSなどでむやみに人脈を拡大する必要はありませんが、**社内や社外で、それなりに「知られている」ことには意味があります。**まったく無名な状態ではチャンスすら巡ってきませんから、このあたりはうまくバランスを取る必要があります。

会社で出世できるかどうかは、多くの場合、直属の上司にかかっています。しかし、部署を横断して人事異動が行われる場合や、ある程度役職が上になってくると、自分の部署以外の人からの評判がより重要となってきます。

例えば、ある部署から、あなたの上司に「そちらから主任クラスを1名こちらに出して欲しい」という打診があったとします。

上司が該当する人物を提示したとすると、相手はまずその上司に人物評価を尋ねるでしょう。その後、周囲に対して「○○君ってどう?」といった感じで話を聞くはずです。

このとき、社内でまったく知名度がなかった場合には、評価不能ということになってしまいます。一方で「彼は緻密なタイプで信用できます」というような情報があった場合、選抜はその人物になってしまう可能性が高くなると考えてよいでしょう。

技能に対する要求が特別に高い一部の職種を除いて、上司にとって重要なのは「どんな人物なのか」という点です。技術職や営業職であっても、技能や数字に加えて、どんな人物かを尋ねるに違いないのです。

顔が広い人になっている必要はまったくありませんが、人となりが知られていることは有利に働きます。**会社の中でまったく無名な人になってしまうと、チャンスそのものが巡ってこない可能性もあるわけです。**

これは会社の外でも同じことです。

それほど広くない業界では、社外の人であっても、ある程度、情報が行き来するというケースがあります。ある人物のことが話題にのぼった際、どの人に聞いても「ああ。○○社の○○さんですね」と言われる人と、「さて、どなたでしたでしょうか」と言われることが多い人は、業界での立場は大きく違います。

社内の人事異動の後で、取引先に挨拶に行った際、「お名前はよく伺っております」と言われる人と、全くの初対面になる人とでは、その後の仕事の進め方は大きく変わってくるでしょう。悪い評判でない限りは、名前が知られていることにはメリットが多いのです。同じ有名と言っても、会社の中には別の意味で人となりが知られている人もいます。例えば、声が大きかったり、ちょっと変わり者だったりといったケースです。しかし、このようなケースであっても、やはり無名であるよりは、名前が知られている方がよさそうです。

ネット関係の会社に勤めるあるエンジニアは、声が大きいので非常に目立つ存在です。バカなことを大声で話し、誰とでも仲良くなれる性格なので、社内で彼の名を知らない人はいません。

彼の評判はというと、どの人に聞いても「やれやれ」といった感じですが、彼の仕事ぶりはまずまずです。

そんな彼の出世はどうなのかというと、そこそこうまくいっているのです。

同期トップというわけではありませんが、それなりのタイミングでチーム・リーダーに昇格しました。**彼の昇進の決め手はやはり知名度です。**

上司が昇進候補について話し合う際、何人かの社員を列挙していくと、必ず誰かが「彼はどうだ？」と名前を出したそうです。やはり人となりが知られていることは、プラスに作用しているようです。

◇人間関係解決のコツは「相関図」

仕事の悩みでもっとも多いのは、やはり人間関係でしょう。

性格や能力がバラバラな人たちがひとつのチームとして仕事をするわけですから、人間関係でトラブルが起きるのはある意味で当然のことです。

一方で、**人間関係から来るトラブルを解決するのも人間関係です。人間関係を円滑にするための方法論というのは、組織における永遠のテーマと言ってよいでしょう。**

人間関係のトラブルには、直接的なものと間接的なものがあります。

直接的なものは、上司や同僚、取引先など、特定の相手との関係がうまくいかないというものです。間接的なものとは、自分は直接的な当事者ではないものの、チーム内の人間関係が複雑で、その間で板挟みになるというパターンです。

同じ人間関係のトラブルと言っても両者はまったく異なるものですが、その解決方法に大した違いはありません。人間関係のトラブルを解決するためには、トラブルが起こっている当事者の関係性を客観的に整理し、回避する方法を模索することが重要となります。**人間関係を客観視するためには、関係する人間の相関図を作成するのがもっとも効果的です。**相関図とは関係者全員の相互の関係性を簡潔に示したもので、よくTVドラマのWebサイトで見ることができる図です。

全員の名前を列挙し、部下のAさんは、上司のBさんを嫌っている、同僚のCさんとDさんは対立関係にある、E部長はFさんをエコヒイキしている、などと書き込んでいきます。

当然、その人間関係相関図には自分のことも含まれてきます。

例えば、自分と上司の関係について、自分がその相関図を書く立場になったら何とコメントするのが適切でしょうか？　うまくいっていない同僚との関係をどう記述すればよいでしょうか？

実際に書くとなると、今まであいまいに誤魔化していた人との関係をはっきりさせる必要がでてくるわけです。なかなか嫌な作業なのですが、これが重要な意味を持っています。

あなたとソリが合わない同僚がいたと仮定します。ソリが合わないと言ってしまうのは簡単ですが、その内容は様々です。

生理的に気に入らないのか、何らかの特定の行動がカンに障るのか、それとも何かコンプレックスを持っているのかで、だいぶ状況は異なります。いざ整理してみると、自分の気持ちを書き出すことはなかなか難しいことだと分かるはずです。

これとは逆に、相手は自分のことをどう考えているのだろうかという部分も重要となります。自分と相手は同じ感情なのか、それとも別々の感情なのかで、取るべき対処方法も変わってきます。これをはっきりさせるということは、相手を知ることにもつながってくるわけです。

相関図を書けば、問題解決のヒントを見つけやすくなります。

自分と相手だけでは解決できない問題も、相手と第三者の関係性を使って回避することが可能となってくるからです。

あなたに対してことごとく反対してくる同僚のTさんが、先輩のUさんには気に入られようとしているのであれば、あなたが企画を通す場合には、Uさんを積極的に巻き込んだ方がよいということになります。

誰かと誰かが対立している場合でも、相関図を思い浮かべれば誰が誰に付きそうかはおよそ検討がつきます。その場の雰囲気で行動して失敗する確率は格段に小さくなるでしょう。

◇年下人脈を重視せよ

最近は、多くの企業で出世させる人とさせない人を明確に区別するようになってきました。出世する人は若くして高い地位につく傾向がより鮮明になってきているわけです。大手企業でも40代で取締役に就任するケースはかなり多くなっています。

転職が多い外資系企業などでは、若い幹部はたくさんいますし、起業という世界になると、20代、30代の社長はゴロゴロいます。

一般にビジネスで成功した「稼ぐ人」は、自分より年上の人に対する扱いが上手と言われています。自分を引き上げてくれる上司は多くの場合、自分より年上ですし、取引先でもより地位の高い人にかわいがってもらえれば大きな成果を上げることができます。

起業家の世界には「ジジ殺し」という言葉があります。若い起業家で成功できる人は、年配の大物経済人から可愛がられる能力を持っているという意味です。

著名な起業家の多くは、年配の財界人の後ろ盾を得て会社を大きくしています。ソフトバンクの孫社長も楽天の三木谷社長も、皆ジジ殺しが得意な人たちです。

しかしながら、冒頭にも述べたように、世の中全体として、幹部への若手登用が進むと、こうした状況は少しずつ変わってくることになります。企業の幹部が必ずしもベテランとは限らなくなってくるからです。

以前であれば、若い時にビジネスで知り合った人が、やがて相手の会社で管理職に昇進し、自分の仕事にもプラスになっていくというパターンがよく見られました。したがって、出世するためには、自分より年上の人を強く意識し、将来のためには同世代の人を意識するというのがセオリーだったわけです。

しかし、この法則は、年功序列社会で、自分と相手の昇進スピードがほぼ同じであるという前提条件があってはじめて成立するものです。若くして幹部に登用される人が増えてくると、これは必ずしも一般的に成立する法則ではなくなってしまいます。

若い時に知り合った相手がトントン拍子で出世してしまえば、自分の役職とは合わなくなりますし、逆に自分が出世した時には、取引先の同レベルの役職の人は皆、自分よりははるかに年上ということもあり得るわけです。

このような時代において、良質な人脈を構築できるのは、世代に関係なく人間関係を結べるタイプの人です。

コテコテの昭和型サラリーマン社会では、役職よりも年の違いの方が重要だったりします。相手が年下だと、役職に関係なくエラそうに振る舞う人も少なくありません。しかし、これからの時代、そのようなタイプの人は生き残っていけない可能性が高くなってくるでしょう。

年下を含めた人脈作りといっても、それは自分より若い人に対して媚びを売るという意味ではありません。**年齢ではなく、仕事上の立場を基軸にして、合理的に人間関係を構築することが重要という意味です。**

これは中高年サラリーマンだけの問題ではありません。20代の人にとっても状況は同じことです。

今は20代でも、10年もすれば立派なベテラン社員であり、その時に対応しなければならない相手は同世代とは限らないことを忘れてはなりません。

年齢に関係なく合理的な人間関係を構築するスキルは、外国人であったり、異性であったり、さまざまな人とうまく仕事を進めるスキルとまったく同じものです。

年齢を超えて人脈を構築できる人は、たとえ現在、英語がしゃべれなくても、十分にグローバル社会でやっていくことができるでしょう。

◇情報を出し惜しみする人に、情報は集まらない

会社の組織が大きくなればなるほど、また、プロジェクトに関わる人数が多くなればなるほど、情報の重要性は高まってきます。

会社の人事異動の前には、ガセネタも含めていろいろな情報が錯綜します。また大きなプロジェクトの場合には、様々な噂話が飛び交うことも珍しくありません。

人間は見通しが立たないことに大きな不安を感じる動物です。人間が失敗をする原因は様々ですが、情報がないことによる不安から、判断にバイアスがかかってしまうというケースは少なくありません。

情報を数多く持っていることは、いろいろな面で有利に働くのです。

世の中には、事情通と呼ばれる人が必ず存在します。

社内については、役員クラスの人事の動向や、人の好き嫌い、さらには不倫の情報までありとあらゆることを知っています。社外では、業界の噂話や関係する役所の動向、さら

には政治の動向まで、どこで仕入れたのか分からない情報を持っているのです。

情報をたくさん持っていることがそのまま成功につながるわけではありません。下手をすると、ペラペラと口が軽い人とみなされる危険性もあります。しかし、多くの人が情報を欲しがっているのも事実であり、事情通の人には自然と人が集まってくるものです。

ではこのような事情通の人はどうしていろいろな情報を持っているのでしょうか？

それは情報の持つ特徴を考えると分かってきます。

情報の世界には、「情報が発信されない場所には情報は集まらない」という法則があります。情報が集まっている人は、ほぼ例外なく情報を人に提供しているのです。情報をたくさん提供すれば、それを聞きたい人が集まってきて、結果的にその人たちから逆に情報を収集することが可能となるわけです。考えてみれば当たり前の話です。

ここで言う情報とはいわゆる「噂話」の類のものだけとは限りません。社内の業務に関するノウハウや過去の事例といったものも重要な情報となります。仕事に詳しいと言われている人に仕事の進め方を聞きに行くと、露骨に嫌な顔をされることがあります。人から質問をされて嫌な顔をしている人は、実は損をしている可能性があります。

確かに、人に何かを説明するのは面倒なことです。自分の知っていることを安易に人に教えたくないという心理も理解できます。しかし、それを教えたところで自分が直接損をするわけではありません。情報を出す人のところには自然と人が集まり、いろいろと有利な立場に立てるにも関わらず、そういう人はわざわざその扉を閉じてしまっているのです。

情報を駆使する仕事のひとつに政治家というものがあります。

かつて政界で隠然たる影響力を持っていた野中広務元官房長官は、情報の達人と呼ばれていました。常に携帯を手放さず、耳にイヤホンをして待機しており、よほどのことがない限り、かかってきた電話には出たそうです。

野中氏は新聞記者や政界関係者に気軽に電話番号を教え、彼等からの電話を嫌がらずに受け、常にそれなりの情報を提供していました。

野中氏に電話すれば何か情報が得られるという話になり、いろいろな人が連絡をするようになってきます。入ってくる情報が多いと、ダメなネタもあるものの、中には極めて重要な情報も含まれてくるようになってきます。こうして野中氏の情報網は構築されたと言われています。

野中氏はその情報網を駆使して、政敵との競争にも打ち勝ってきました。直接的なことは何もせず、ただ情報だけで相手を倒してしまったのです。情報とはそれほど恐ろしいものなのです。

◇自分にはどれだけの魅力がありますか？

この章では、人脈作りのコツについて解説してきました。ここで取り上げた話の多くに共通していることは、キーパーソンとの出会いの重要性です。

人脈作りのコツは、自分を引き上げてくれるキーパーソンと、いかにして知り合いになれるのか、ということになるわけですが、そのためには、**自分自身が魅力的な存在である必要があります。人脈作りのコツは、すべてこの部分に集約されるといっても過言ではありません。**

繰り返しますが、重要な人物というのは、自分よりも立場が上の人がほとんどです。したがって、自分自身は、その人よりも高いスキルや実績を持っていないことが大前提ということになります。その上で、相手にとって自分がどのように魅力的に見えるのかが重要なのです。

会社組織であれば、話はシンプルに考えた方がよいでしょう。

上司にとって魅力的に見える人は、何もしなくても、社内で十分な人脈を作ることができます。社内には評判や噂というものがありますから、いろいろな上司と直接知り合いになっている必要すらないのです。

上司にとって魅力的な部下とは、自分が安心して仕事を任せられるという、その一点に尽きます。

上司には、必ずその上に上司がいます。あなたはいつも上司のご機嫌を伺って大変かもしれませんが、それは上司も同じなわけです。上司はさらに上の上司から、報告や成果を求められています。この状況を理解した上で仕事をしてくれる部下は、大変に魅力的に映るものなのです。

上司がそろそろ報告を欲しがっている、明日はさらに上の部長に呼ばれそうだ、こういったことを予測して動くことができれば、勝手に社内人脈は付いてきます。

これは顧客であっても同じです。

筆者は独立後、コンサルティングの会社を作ったのですが、コンサルティングとは、言ってみれば、顧客の会社の問題解決を請け負う仕事です。

顧客の会社の人間関係がどうなっているのか、中にはどんな問題が発生しているのかを把握することができれば、面白いように仕事が舞い込んできます。

うまく顧客の企業に入り込めると、こちらから頼まなくても、顧客企業の社員が、筆者にいろいろな相談を持ちかけてきます。部長などエライ人も、何かあると、「加谷さんに相談しろ」と言ってくれるようになります。

これは筆者が第三者のコンサルタントだからできることではあるのですが、その局面に限って言えば、筆者は問題解決のきっかけになる、非常に魅力的な存在と映っているわけです。

営業の仕事をしている人の中には、頼りなさそうな雰囲気で、顧客企業の担当者を同情させて注文を取り、さらには別の顧客を紹介してもらってくるというツワモノもいます。これはあまり正攻法とは言えませんが、その営業マンは、顧客の担当者から見れば（自分が少し面倒を見てあげなければいけないという気持ちになっているという意味で）、一種の魅力的な存在になっているわけです。

やり方はいろいろありますが、**人脈というのは、何らかの魅力を相手に提示できれば、自動的に付いてくることがお分かりいただけると思います。**

人脈を構築することについて、大した手間は必要ないのです。

第5章

「あなたの価値」はどのようにして決まるのか？

◇電話やメール1本ですでに評価は始まっている

一般的に、ビジネス・パーソンの評価は仕事の成果で決まると思われています。それはあながちウソではありませんが、単純に成果を上げればよいというものではありません。それまでのプロセスも同じくらい重要視されます。電話やメールもそのひとつと言ってよいでしょう。

世の中には、電話やメールのマナーを記載したノウハウ本なども多数存在しています。こうしたマナー本を熟読して、その形式を真似るのもよいですが、形式だけにこだわり過ぎてもあまり意味がありません。

ビジネスの世界では、対面であれ、電話であれ、メールであれ、失礼がないよう、簡潔に、かつ確実にコミュニケーションを取ることが重要となります。

メールを例にとって考えてみましょう。メールの書き方で一番よくないのが、事実関係があいまいなことです。以下の文面はどうでしょうか？

「例の件の打ち合わせですが、明後日の午後などはどうでしょうか？」

このメールはあまりよい書き方とは言えません。

そもそも例の件が何なのかさっぱり分かりません。知っているのはメールを出した本人だけという状況です。さらによくないのが、明後日という表現です。相手がタイムスタンプを見ないと、いつを基準にした明後日なのか分かりません。

電話でもそうですが、相手が常にカレンダーを把握しているとは限りません。ビジネスの連絡で大事なことは、相手が二度手間、三度手間にならないよう留意することです。日程変更の連絡事項であれば、以下のような文面の方がよいでしょう。

10月2日（火）午後に送信した「打ち合わせの日程」というメールですが、日時に誤りがありました。17日ではなく18日ですので、以下のように訂正します。

（誤）開催日程10月17日（水）13時30分～
（正）開催日程10月18日（木）13時30分～

このメールのよいところは元のメールのタイトルとおおよその日時が記載されており相

手が探しやすくなっているという点です。

また、誤った情報と正しい情報が比較してあり、相手が勘違いしにくくなっています。時間は24時制で記載されているので、午前なのか午後なのかで混同することがありません。さらに曜日の情報も付加されているので、仮に記載ミスがあっても相手が気付きやすくなっています。

重要なのは、「メールを読む相手の目線に立つこと」です。 少々面倒ですが、お互いがこのようなメールをやり取りすると、行き違いが少なくなり、双方のムダがなくなります。メールは文面だけではありません。メールの返信の仕方ひとつとっても、ビジネス・パーソンとしての能力がよく分かります。

優秀なビジネス・パーソンは、相手からの連絡事項に対しては、面倒でも「了解しました」といった簡潔な返信を送ります。

仕事のメールですから、友達とのやり取りのように、延々と返信を繰り返す必要はありません。しかし、連絡事項に対して了解した旨の返信がないと、相手は、問題なく仕事が進んでいるのか不安になります。

このような、ちょっとした気遣いができる人は、間違いなく営業成績もよいですし、上司や取引先からも気に入られているはずです。

◇総合力は評価されにくい

仕事をする上で、総合力は極めて重要です。総合力とは、狭い分野の知識や経験だけに捉われず、バランスよく仕事をこなせる能力のことを指します。

最近は技術の進歩や社会の変化が早く、過去の成功体験だけに捉われていては時代に取り残されてしまいます。

知識はネットでいくらでも仕入れることができますから、その知識をうまく組み合わせ、新しい付加価値を生み出すための「知恵」が大事になってきているわけです。

知恵を生かすには総合力が必要であり、これからの時代には、総合力を発揮できる人材が強く求められるはずです。しかしながら、ビジネスの現場においては、総合力を持った人材はなかなか適切に評価されません。「稼ぐ人」になろうと思った場合には、この現実をよく理解しておく必要があります。

考えてみれば当たり前のことなのですが、人を評価する立場の人は、従来から続く、古い体質の中で成功してきた人たちです。中には、常に時代をキャッチアップできる人もいるでしょうが、そうではない人も大勢います。そのような人に、新しい時代に求められる能力を適切に評価することは難しいでしょう。

諸外国によく見られるトップダウン型の組織であれば、トップの鶴の一声で決定するということも可能となります。しかし、日本企業の多くは、様々な人の意見を聞き、内容を調整しながら物事を決めていくやり方を採用しています。

つまり、ビジネスで成功するためには、新しいスキルも重要ですが、それと同時に、既存の古い体制で評価されるためのスキルも同時に必要となるわけです。

この話は時代だけの問題ではなく、業界の違いという点でも同様です。

筆者は、サラリーマン時代から現在までの間に、メディア、金融機関、コンサルティングなど、数多くの業界を経験してきました。

そこで感じるのは、それぞれの業界における人材評価のポイントはまったく異なっているということです。

最終的には、どんな業界であれ、成功するための共通したノウハウやスキルというものがあり、その普遍的な能力を身につければ、どの業界でも成功することができます。実際、筆者は身をもってそれを体験してきました。

しかし、各業界の現場の世界ではそのように認識はされていません。メディアの世界で評価されるには、その世界の文脈に沿った評価ポイントをクリアしなければいけませんし、金融マンには金融マンの、コンサルタントにはコンサルタントの文脈というものが存在しているのです。

同じ会社の中の職種でも同様です。

営業職と技術職の両方を経験した人は、両者の知見を組み合わせ、新しい仕組みを生み出せるかもしれません。

しかし、多くの場合、営業の人に技術の話をしてもあまり関心は持たれませんし、技術の人に営業の話をしても結果は同じです。営業マンとして評価されたければ、営業マンの文脈で、技術者として評価されたければ、技術者の文脈で話をする必要があります。

ほとんどの人は、既存の枠組みの中でしか、人を判断することができません。

したがって、**ビジネスで成功するためには、まずは、相手の枠組みに沿った文脈で話をして、その中で評価されることが重要となるのです。**

総合力が大事というのは真実なのですが、総合力を発揮するためには、その前の段階で評価されないと意味がないわけです。

◇どんな場所でも、横柄な態度は損

ビジネスの世界で「稼ぐ人」になろうと思うのであれば、人に対して横柄な態度を取るのは絶対に避けた方がよいでしょう。

筆者は、振る舞いが立派な人が出世するというような、タテマエの話をしているわけではありません。ビジネスの世界、特に会社といった組織で働く人にとっての、本質的な損得のことを言っているのです。

組織の中では、誰がどのようなことをきっかけに自分自身に対して敵意を持つか分かりません。組織で働く以上は、相手が上司や顧客の場合はもちろんのこと、同僚や部下に対しても、横柄に振る舞っていいことはほとんどないのです。

よく部下に暴言を吐くような上司を見かけますが、これはある意味で、精神面での弱さの裏返しとも言えます。暴言を吐く上司というのは、自身が、出世するためにいろいろガマンしてきた反動で、部下にあたっていることが多いのですが、こうした人は、さらに強いプレッシャーをかけられると壊れてしまう可能性があります。こうした言動は、精神面で余裕がないと判断される可能性もありますから、慎んだ方がよいでしょう。

また、最近では年功序列も崩れてきており、若手が抜擢されて上司になるケースも増えてきています。基本的には**誰がいつ自分の上に立つか分からないという前提で行動するのが賢明と言えます**。

これは社外での振る舞いにおいてもまったく同様です。

鉄道の駅などで、他の乗客や駅員とトラブルになっている人を時々見かけます。こうした出来事が、直接、給料や昇進に響くわけではありません。しかし、外部でのトラブルがある人というのは、何らかの形でそれが表面化し、マイナスの評価につながってくる可能性がありますから注意が必要です。

プライベートと仕事は関係ないという考え方は、経済的・法的・道義的責任をすべて負っているオーナー社長であれば、そうかもしれません。しかし、サラリーマン社会では、基本的にこうした考え方は通用しないと思った方がよいでしょう。

自身の振る舞いというものは、ボディーブローのように影響してくるものなので、本人にとってはなかなか認識しづらいものがあります。日頃から意識していないと、こうしたリスクを回避することは難しいのです。

筆者の父親は現役時代、公務員でした。公務員の仕事は「遅れず、休まず、働かず」と揶揄されていますが、ご多分にもれず父の仕事っぷりも、やはり同じようなものでした。

しかし、公務員という究極のサラリーマンであった父の言ったことで、今思えば「なるほど」と思えることもあります。

父は常々、「公務員というのは、上司にも部下にも同僚にも、民間人にも、腰を低くしておくのが基本であり、それがもっとも得なのだ」と言っていました。

公務員は黙っていても、それなりの給料をもらえますし、定年までクビになることはありません。しかもたっぷり年金ももらえます。とにかく何事もなく、無事に勤め上げることが、もっとも利益になるわけです。

そうした観点で考えれば、周囲に対して横柄に振る舞ってトラブルの原因を招くなど、公務員としては愚の骨頂というわけです。

自分の部下だった人が、政治家になることもありますし、市民からのクレーム対応が大問題になって左遷されてしまうこともあるかもしれません。とにかくトラブルを回避することが大事であり、そのためには、常に腰を低くしていればよいというわけです。

これは要するに、事なかれ主義ということなのでしょうが、真理を突いているとも言えます。**ビジネスの世界でトラブルを起こしていいことなど何ひとつないのです。**

◇自社批判、取引先批判はオフレコでも危険

先日、ある著名ネット企業が運営するサイトでちょっとした事件がありました。

そのネット企業が運営するサイトに寄稿している著名ブロガーが執筆した記事につい て、その会社の社員が「しょーもない記事」とフェイスブックを通じて批判したところ、記事を執筆したブロガーが寄稿をストップしてしまったのです。

この著名ブロガーは、社員からの批判に対して、自身の記事は、そのネット企業が提供する商品でもあるので、これを「しょーもない」と、建設的ではない形で批判するのはおかしいと、フェイスブックで指摘しました。これに対して、その社員は「個人の見解です。実にしょーもないですね」と批判を続けたということです。

そのブロガーは、この対応に怒り、そのサイトの執筆陣から降りるという事態になったわけです。ちなみに、そのネット企業では、この社員を厳重注意にしたそうです。

この社員は「個人の見解です」と発言しているので、個人としての立場であれば、この

ような批判をしても問題ないと考えていたようです。またネットの一部では「言論の自由がある」として、この社員を擁護するコメントも見られました。

しかし、この社員や彼を擁護する人は、根本的なところで勘違いをしています。日本は一応民主国家ですから（少々怪しいところがありますが）、誰にでも自由な発言をする権利があるのは当然のことです。

しかし、この話は言論の自由とはまったく別の次元の話です。

そのネット企業にとってみれば、ブロガーが寄稿した記事は、まさに自社の商品であり、記事を寄稿しているブロガーは取引先です。

その社員は、そのネット企業と雇用契約を結んでおり、記事などが生み出す収益をもとに給料をもらっています。結果責任を負うことができない立場の一般社員が自社の商品や取引先を公の場で「しょーもない」と批判していいわけがありません。

要するに、この社員には、自社の製品を批判する権利はありますが、批判する資格はないわけです。**自身の発言によって、自分が勤務する会社の商品イメージが低下した場合には、言論の自由とは別の次元で責任が発生するのは当然のことです。**

この話は決して特殊なケースではありません。

責任を取れる立場ではない社員が、公の場で自社製品を貶《おとし》める発言をしたり、取引先を怒らせる発言をするケースは実は結構多いのです。そのような言動は慎むべきなのはもちろんですが、仕事をする上では、そのような人物が一定数、周囲に存在するということを、よく理解しておいた方がよいでしょう。

あるメーカーの課長は、冗談半分で自社製品に対して文句を言ったり、取引先の悪口などを言っていました。自分の部下も含めて、この話は内部のオフレコであるという共通認識があると思っていたからです。

ある日、取引先から「ずいぶんひどいことを言いますね」と文句を言われた時には、その課長は言葉を失ったそうです。部下が取引先に対して「ウチの課長がこんなことを言ってました」と内輪の話を暴露していたのです。

しかもその部下には悪気はなかったようで、課長が部下を呼んで問い詰めても、何か問題でも？というような顔をしていたそうです。

こうしたトラブルを回避するためには、どうすればよいでしょうか？

それは少々、バカバカしくても、仕事の世界では壮大なタテマエを通すことです。冗談であっても、取引先の悪口などは決して口にせず、自社の製品についても、すばらしい製品だと連呼しておいた方が安全なのです。

◇ゴマスリは必要か？

会社の中にはゴマスリが得意な人がいる一方、ゴマスリなど絶対ゴメンだという人もいます。一般的にはゴマスリをしないと、出世をしたり、仕事を取ってくることは難しいとも言われています。

ではゴマスリをしないと「稼ぐ人」にはなれないのでしょうか？

筆者はそうは思いません。**ゴマスリは一定の効果がありますが、決定打にはならないというのが現実と考えてよいでしょう。**

筆者がサラリーマンをしている頃、会社のかなり上の立場の人に銀座のクラブに連れて行ってもらったことがあります（当時はまだ交際費がふんだんに使えた時代でした）。

そのお店に同行したのは、筆者と上司の課長、別な課の若手と課長、さらに課長らの上司である部長という図式でした。

筆者はまだ若造でしたので、店の隅の方で小さくなっていたのですが、上司たちの酔いが回ってきた頃、クラブのママに「ちょっといらっしゃい」とカウンターに呼ばれたのです。ママは「若い人は気を遣わなきゃいけないから大変ね」などと言いながら、筆者に水割りを作ってくれたのですが、その後、彼女から衝撃的な話を聞きました。

「部長のBさんとあなたの上司のCさんはすごく仲良さそうに見えるでしょう」

「でもBさんはドライな人だからそのうちCさんを切ると思う」

「あなた、出世したいなら、誰に付いて行くかしっかり決めておいた方がいいわよ」

というものでした。

ママがどういうつもりで筆者にそのようなアドバイスをしてくれたのか、本当のところはよく分かりません。しかし、現実にその後、組織の再編があり、人事はママが言った通りとなってしまいました。

上司のC課長は、B部長に一生懸命ゴマをスって尽くしていました。しかし、部長が自分の下に残したのはC課長ではなく、わりとクールなタイプのG課長だったのです。

G課長は極端なゴマスリをしていませんでしたが、B部長の手柄となる仕事をたくさん作っており、B部長は結果的に仕事の損得でG課長を選んだという図式のようでした。

部下にゴマスリを要求する上司は多いのですが、ゴマスリが抜擢に決定的な要因になっているかというとそうでもありません。現実はもっと残酷で、**出世の見込みがなさそうな**

人ほど、ゴマスリが要求されているのです。「仕事ができないならゴマスリくらいしろよ」ということでしょうか。

したがって出世に際してゴマスリが必須かと言うと答はノーということになります。しかし、ゴマスリの効果がゼロかと言われれば、それもノーということになってしまいます。**間違いなく言えるのは、出世においては、上司に仕事上のメリットを提供できるのかという点が、非常に重要になるということです。**

もっともゴマスリも、人がびっくりするくらいまで徹底できるのであれば、効果があるかもしれません。

あるオーナー社長が経営する企業に幹部候補として転職した元証券マンは、オフィスの廊下で社長を待ち伏せするのが日課でした。社長を見かけると、トイレまで付いて行き、ドアを開け、社長が用を足すのを待ち、手洗いの水道の蛇口をひねり、最後はペーパータオルを取ってあげたそうです。

その甲斐があってか、その元証券マンは、オーナー社長引退後、社長の座に座ることができました。これを幸せと見るかどうかは人それぞれですが、やるならここまでやらなければ意味がなさそうです。

◇転職で成功する人、失敗する人

日本社会も雇用の流動性が高まってきており、転職は以前ほど珍しいことではなくなってきました。筆者も独立の前に一度転職を経験しています。

しかし、多くの企業が、新卒一括採用と終身雇用制度を維持しているというのもまた事実です。日本の場合、転職するにしても、多少、慎重になる必要がありそうです。

転職を成功させるためには、転職先選びとタイミングがもっとも重要なわけですが、それと同じくらい重要なのが、条件面の交渉と転職直後の振る舞いです。

外資系金融機関への転職や幹部ポストでの転職など特別なケースを除くと、日本の場合、転職時にあまりゴリゴリと条件面の交渉をすべきではありません。

条件について先方から聞かれたら、まずは「すべて御社の規定や基準に従います」と言えばよいでしょう。面接などで「希望の部署と違う所に配属になることがありますがよいですか?」というような質問をされることもあります。その場合にも、その会社に行きたいのであれば「会社の人事に従うのは当然です」と答えておくのが無難です。

あまりに従順すぎて不自然に思えるなら、「私としては営業職であることが、もっとも成果を出せると考えていますので、営業の部署に配属になることが希望です。ただし会社の指示に従うのは当然ですので、辞令が出ればどの部署でも喜んで異動します」と説明しておけばよいでしょう。

転職するにあたって会社側に安い買い物だったと思わせることは重要なことです。入る前にゴリゴリと条件交渉をし過ぎてしまうと、入ってからの要求が極めて高いものになってしまいます。会社の雰囲気や仕事の環境をよく知らないうちに、そのような立場に自分を追い込むのは得策ではありません。

もし十分な成果を出せる状況であれば、出世も見込めるでしょうし、条件を再交渉することもできます。「高い給料を要求したクセに、コイツ思ったよりダメだな」というのがもっともよくないパターンです。

転職先での戦略は、入ってからゆっくり考えるのが基本です。入る前はできるだけ、大人しくしておいた方がよいのです。

無事転職することになったら、まず気をつけなければならないのが、転職後1カ月の振る舞いです。

ここである程度「デキる人」のイメージが付けば、今後は有利に仕事を進めることができるでしょう。逆に悪いイメージが付いてしまうと、これを払拭するのは難しいと考えるべきです。とにかく、**最初の1カ月間は、自分の能力をアピールしつつ、一方では慎重に行動した方がよいのです。**

社内の利害関係を早期に把握することは特に大切です。

メーカーから商社に転職したAさんは、工作機械の専門家です。商社には専門家が少ないので、Aさんは入社早々、自分の部署以外からもいろいろな依頼を受けることになりました。

ある時、隣の部署の勉強会に呼ばれ講師をしたAさんに、Aさんが所属する部署の別な課からクレームが付きました。「よその部署にばかり媚を売って何をしているのか？」というわけです。この会社はAさんが以前に在籍していたメーカーより、縦割り意識が強い会社だったのです。

Aさんは、依頼を受けて動く前に、いわゆる「根回し」と「調整」をすべきでした。幸い大事には至りませんでしたが、Aさんの行動が少々軽率だったのは事実です。こういった心配りは、日本の転職では非常に重要です。

◇アイデアが採用される人、されない人

せっかくアイデアを出したのに上司に何度もダメ出しされ、ほとんど企画が通らない。こうした経験を持つビジネス・パーソンは多いと思います。一方で会社や上司は、斬新で独創的なアイデアを出せと命じてきます。

何とも矛盾した話ですが、これが会社の現実です。こうした社風の中で、新しいアイデアを具現化していくためにはどうしたらよいのでしょうか？

これは身も蓋もない結論かもしれませんが、**会社に対して何か企画を提案する場合には、決して「新しいアイデアは出さないこと」が成功の秘訣です。**

ビジネス・パーソンのキャリア論で有名な元東レ経営研究所社長の佐々木常夫氏の体験は、この話のすべてを象徴しています。

佐々木氏が東レに勤務していた頃、経営企画部門に配属になって最初にした仕事は、資料室にこもりきりになり、過去の経営改革の資料を読みあさることでした。

日本企業の多くは、ビジネス・モデルがほとんど変化しません。これが現在の日本企業の弱点にもなっているのですが、とにかく日本企業は保守的なのです。ということになると、会社の事業環境は5年前、10年前と大して変わらないということになります。

そうであれば、以前、どのような経営改革プランがあったのかを一通りチェックすれば、どういった内容のものがプランとしてふさわしいのかすぐに分かるという理屈が浮かび上がってきます。佐々木氏はその理屈通り、過去のプランを調べ上げ、それをアレンジした形で企画案を練り、次々に通していったそうです。

米国のように株主から信任を受けた経営トップであれば、事業モデルを180度転換するという決断もトップダウンで行うことができます。

しかし、日本の会社はそのような仕組みにはなっていません。既存の事業に影響を与えるプランは基本的に通すことができないようになっているわけです。

このように社内の状況を冷静に分析すれば、どういった提案が望ましいかは自然と分かってくるはずです。

もっとも大事なことは、既存の事業モデルに大きな影響を与えないことです。新しいプランを実行することで、損をする部署や人が出てくるものに対しては、ほぼ100%反対意見が出てきます。普通の上司なら、それだけで尻込みしてしまうでしょう。

次に重要なのは、自分の実績の延長線上で提案を出すということです。

変化を望まない保守的な雰囲気の会社では、アイデアそのものが検証されることはほとんどありません。アイデアの中身ではなく、誰がそのアイデアを出したのかということが非常に重要視されるのです。

営業でダントツのトップとなっている人が、営業方法の改善策を提案すれば、その内容がたとえ陳腐なものであっても、聞く耳を持ってもらえる可能性が高いかもしれません。

一方、その分野であまり実績を上げていない人が、画期的な提案をしても、おそらく誰も耳を貸さないでしょう。

そもそも、分野に関係なく斬新なアイデアを評価し、それを積極的に具現化できるだけの力量があれば、皆、この職場では働いていないはずです。

新しいアイデアを提案する時には、このふたつのルールを守ることが重要です。

さらに言えば、提案するタイミングも大きな要素となります。これらをうまく組み合わせることができれば、あなたの提案が通る確率はずっと高くなるはずです。

◇驚くべきグーグルの中途採用基準

世界各地から優秀な人材を集めている米グーグルは、社歴が新しいベンチャー企業ですから、その社員の多くは中途採用です。

学業成績にはこだわらないという同社の採用基準は非常に高く評価されています。現実には同社の社員には高学歴者が多く、多少タテマエ的なところがあるのですが、**同社の採用基準は、「稼ぐ人」を目指す人にとって、大いに参考になる内容です。**

グーグルの採用基準は独自に定められたもので、学力は重視しているものの、絶対的な要件にはしていないそうです。

同社において大学を卒業していない社員の割合が14％に達するチームもあるそうです。もっとも同社クラスになると、世界中から天才的な頭脳を持った人が集まってきます。もはや学歴など大した問題ではなくなっているのかもしれません。

それはともかく、同社の採用基準は少々抽象的ではあるものの、なかなか考えさせられる内容となっています。

同社ではまず**第一に、高い認識力を求めています。**

これはＩＱ（知能指数）の高さを意味しているのではなく、異なる情報の断片からうまく本質を導き出す能力のことを指しているということです。

仕事の成果というのは、学校の勉強のように、問題を正しい手順に沿って解けば正しい答が得られるというわけにはいきません。いくつかの断片的な情報からそのウラにある本質を認識できなければ、成果に結びつけることは難しいのです。

グーグルでは、認識力に加えて、強いリーダーシップも求めています。しかし同社が求めるリーダーシップとは、多くの人がイメージするリーダーシップとはかなり異なっています。

同社の説明によると、運動部のキャプテンをしたことがあるとか、チームの代表になったことがあるといった内容を指しているわけではないのだそうです。

これを分かりやすい言葉で表すと、ボスとリーダーの違いということになります。

ボスは人に指示したり、命令して業務を進める人のことを指しています。一般的な上司のイメージはこのボスのイメージということになるでしょう。

しかし、リーダーは必ずしもボスであるとは限らないのです。

ここで言うリーダーとは、チームが何か困った問題に直面した時に、適切なタイミングで自分が口火を切り、その問題解決をリードできる人のことを指しています。つまり、役職とは直接関係しないということです。

役職が低い人であれば、その立場をわきまえつつ、「こういう解決方法があるのではないでしょうか」と説明し、実際にそれをやってみせ、周囲を説得できるようなタイプの人が想定されています。

逆に役職が上の人であれば、部下の能力をうまく引き出しつつ、全体の解決策を決めることができる人のことです。

同社では、知的謙遜も重視しています。これは、他人が自分よりよいアイデアを出した時には、それを認識し、一歩引き下がる勇気ということです。

先ほどのリーダーシップと知的謙遜がうまく組み合わさった時、チームは自律的にうまく機能すると同社では考えているようです。

ビジネスで成功する人は、多かれ少なかれ、こうした能力を持っています。

他人から評価されるには、まずは他人を説得する能力が必要となります。**他人を説得することができるようになれば、自分の成果をアピールするのは、それほど難しいことではないのです。**

第6章

稼ぐ力があれば「起業」だってできる

◇独立して失敗した人に共通するパターン

稼ぐ力を身につけていれば、独立して起業することだってできます。

組織に入っていると、自分がいくら稼いでもそれは会社の利益ですが、独立していれば、事業から得られる利益はすべて自分のものになります。稼げる額のケタが変わってくるわけです。

しかしながら、独立や起業にはリスクもあります。新しくできた会社の9割以上が数年で消滅してしまうと言われる程、厳しい世界です。

筆者は何とか起業の世界でも成功し、結構な額のお金を稼ぐことができたのですが、人の縁に恵まれたことや、運がよかったことも大きく影響していると思います。

しかし、筆者の経験上、**独立や起業で失敗する人の半分以上は、失敗するべくして失敗していいます。ここをカバーすることができれば、成功の確率をかなり上げることができるのです。**

「稼ぐ力」をしっかりと身につけていれば、会社の中での仕事をうまく進めることができるだけでなく、転職や起業もそれなりに何とかなります。うまくいかないのは、実は「稼ぐ力」がしっかりと身についていないからなのです。

独立や起業で失敗する人のほとんどは、サラリーマン時代と同じような感覚で仕事を進めてしまいます。

それなりの会社に入っていれば、対外的な信用は自動的に付いてきます。よい製品やサービスを提供していれば何とかビジネスになるわけです。しかし、独立したり、ゼロからベンチャー企業を立ち上げるとなるとそうはいきません。

特に日本の場合、超保守的な社会風土です。安くていいものを作れば、それでビジネスになるというのは完全な幻想と言ってよいでしょう。画期的な製品やサービスを提案し、顧客の担当者が納得しても、社内で「こんな会社に発注して大丈夫か？」と言われ、全否定されてしまうのがオチなのです。

「稼ぐ力」の基本は相手の立場で物事を考えるということです。

できあがったばかりで実績もない、いつ倒産するのかも分からない会社に相手の担当者は発注しなければいけないのです。

人の採用も同じです。自分では思い入れのある事業でも、求人に応募してくる求職者からすれば、見たことも聞いたこともない会社です。このような言い方はよくないですが、どこにも行くところがなかった人しか集まらないと思った方がよいのです。仕事のオペレーションはそのような人材しかいないことを前提に計画しなければいけません。

独立・起業するということは、こうした障害が山のように立ちはだかることを意味しています。非常に大変なことですが、そうであることが事前に分かっていれば対策の打ちようもあります。

もっとも多いのは、このようなことを想定せずに事業を始めてしまい、思うようにモノが売れず資金ショートしてしまうパターンです。

筆者が会社を立ち上げた時には、会社から得られる給料はゼロでも、何とか1年間生活できるだけのメドを立てた上でサラリーマンを辞めました。

これは貯金を確保しておくという意味もありますが、それだけではありません。サラリーマン時代のツテを頼って、最悪の時には、必要最低限の収入を得られるアルバイト的な仕事をいくつか確保していたのです。

幸い、こうしたことには頼らなくて済んだのですが、最初の半年はお金が出ていくばかりで非常に焦りました。現実は予想よりもはるかに厳しいと考えておくべきです。

◇交渉は、交渉前に勝負がついている

当たり前のことですが、交渉が上手な人はビジネスをうまく進めることができます。組織に属していれば、会社の信用をベースに交渉することができますが、独立・起業となるとそうはいきません。どれだけの交渉力を持っているのかで、ビジネスの結果は大きく変わってくることになるでしょう。

世の中には、生まれつき交渉がうまい人とそうでない人がいます。しかし、交渉力に乏しいからといってガッカリする必要はありません。**交渉力はトレーニングでいくらでも上達させることができるのです**。しかし、世の中には交渉力に関する間違った情報も多いですから、このあたりには注意が必要です。

交渉力に関してよくある誤解が、ゴリゴリと相手をやり込めることが交渉だという考え方です。

「ああ言えばこう言う」というやり取りが上手なことと、交渉そのものが上手なことを混

同してしまっているのです。確かに「ああ言えばこう言う」というやり取りがうまい人が交渉で得をするケースは存在します。しかし、それはほとんどの場合、格下を相手にした場合の単純な交渉であって、対等あるいは格上の相手との交渉では、こうしたやり方はほとんど通用しません。

では本当の意味での交渉力とは何でしょうか？

それは相手のニーズを探り出す能力にすべてが集約されると考えてよいでしょう。

交渉とは自分が欲しいものと相手が欲しいものを並べ、どれを捨ててどれを取るかというゲームです。相手に吹っかけたり、やたら強気に出たり、泣き落としたり、というのはすべて戦術的なテクニックであって交渉の本質ではありません。

実は交渉ごとの8割は、双方の力関係によって最初から結果が決まっています。交渉ごとをうまく進めるためには、この事実をしっかりと認識しておく必要があります。

吹っかけや泣き落とし、といった現場のテクニックは、あらかじめ決まっている勝負の中で、どこまで自分に有利にもってくるかということに過ぎないのです。

交渉を進めるのが下手な人のほとんどが、最初からほぼ決まってしまっている勝敗について認識していません。そもそも勝てない勝負を挑んでいたり、ムダな戦い方をしていたり、最悪の場合には、相手の作戦に翻弄されることになってしまいます。

自分の要求と相手の要求がある程度明確に整理できれば、交渉はそれほど難しいことではありません。**交渉が上手な人は、ほぼ例外なく事前に交渉をシミュレーションしています。**

自分の要求に対して相手がAと返してきたら自分はDと返事する。相手がBと返してきたら諦めてそれを受け入れる。相手がCと返してきたらその場で交渉を打ち切り、後日再度交渉する。A、B、Cのどれにも該当しない場合には、返事をせずに持ち帰る、などと、あらかじめ自身の行動を決めているのです。

このようなことができるのも、相手が何を望んでいるのか、自分が何を望んでいるのか、明確に理解できているからです。

交渉で負けてしまう人は、相手が予想しない要求を出してきた時に、返事をせず持ち帰るという当初の予定を守らず、その場で応対してしまいます。そうなってしまうのは、相手と自身の要求を整理できていないからです。

相手が何を望んでいるのかを知るためには、勘も重要ですが、結局のところ、コツコツと情報収集をしているかどうかがカギとなります。

ふだんから周囲や取引先に気を配っている人は相手の置かれた状況を理解しやすく、結果として相手のニーズを理解でき、交渉も有利に運べることになるのです。

◇参考にならない超エリートの仕事術

ビジネス・スキルや仕事術といった世界では、外資系コンサルタントなどピカピカの経歴を持った人が、自身の考え方や仕事の進め方を披露するという分野が確立しています。大抵の場合、「グローバル・エリートはどのように考え、仕事をこなすのか？」といったタイトルが付けられています。

しかし、**ほとんどの人にとって、こうした超エリートの仕事術は参考になりません。**普通の人が、彼等の主張をダイレクトに取り入れても「稼ぐ人」にはなりにくいのです。あくまで参考程度にとどめておいた方がよいでしょう。

外資系コンサルタントの世界は、「フレームワーク」というキーワードに代表されるように、物事の考え方や問題解決の進め方が徹底してマニュアル化されています。

しかし、こうしたフレームワーク的な発想法を、そのまま現場の仕事に取り入れるのはやめた方がよいでしょう。

エリートのコンサルタントが、若いうちから経営者的な目線に立った「大きな」仕事をしているのは事実です。

しかしながら、彼らはこうした仕事術を極めた結果、そのような大きな仕事ができるようになったわけではありません。エリートのコンサルタントは、最初から大きな仕事を任される立場であり、新卒で何も知らないうちから、そういった仕事をこなしているので、結果的に経営者的な思考回路が身についているに過ぎません。

彼等が、企業の抱える諸問題点について、あるフレームワークに沿った解決法を提案し、会社がそれを受け入れたとします。

しかし、**社内の人間が、コンサルタントと同じ内容を提案しても、受け入れられることはほとんどないと思った方がよいでしょう。会社は最初からコンサルタントを、「権威のある人」であることを前提に雇っているからです。**

よく考えてみれば分かることですが、会社は自身の業務を何年、何十年と続けてきており、他では得られないノウハウを持っているものです。

その人たちが必死に考えてもなかなかよい答が見つからない問題について、いくら高学歴で優秀だといっても、所詮、外部の人間でしかないコンサルタントに、魔法のような解決策が提示できるわけがないのです。

会社がコンサルタントを雇うのは、多くの場合、どうすれば問題を解決できるのか分かっているものの、社内に抵抗勢力がいて、なかなかそれを断行できないといった事情が存在する時です。

自分たちに代わって、外部の権威ある人に意見を言ってもらい、その改善策を社内で納得させるわけです。外部に対して経営改革案を綺麗に説明しなければならない時などにも、コンサルタントが雇われたりします。

むしろ**優秀なコンサルタントのノウハウは、経営論や問題解決といった表面的なことではなく、依頼を受けた会社の人間関係や社内事情を的確に把握し、社内の政治力学を熟知した上で、トラブルがないよう改善策を提示していくというウラの面にあります。**

一流のコンサルタントは、こうした社内の根回しに非常に長けています。これさえうまくいけば、後は、膨大なデータや分析手法を駆使した華麗なプレゼンで改善策を提示することなど、儀式みたいなものです。極論を言うと、こうしたプレゼンで持ち出す問題解決の手法など何でもよいのです。

コンサルタントが持っているこうしたホンモノのノウハウはめったに表に出てくることはないのですが、これこそが、実は本当の意味での成功ノウハウと言ってよいでしょう。

◇相手の懐への飛び込み方

ビジネスで成功するためには、相手の懐《ふところ》に思い切って飛び込むことが重要となります。特に、独立・起業という場合にはなおさらです。

相手の懐に飛び込むためには、人間的な魅力が重要だと言われます。しかし、人間的な魅力と言われても、何とも抽象的でよく分からないというのが正直なところではないでしょうか?

多少、生意気だったり、ツンデレ的なタイプの人が有利だといった話もよく聞きますが、皆がこれをやればよいというものでもありません。

ここはやはり、ある程度、合理的に物事を考えることが重要となります。カギとなるのは、相手との深い関係がどのようにして成立するのかというメカニズムです。

人と人との関係は様々ですから、すべてが合理的に決まってくるというわけではありません。しかしビジネスの世界では、最終的には皆、経済的利益のために動いています。この事実を忘れてはなりません。

つまり、**相手と密な関係を成立させるためには、最終的に相手に対して経済的なメリットを提示できなければダメなのです。ウマが合う合わないといった、感情的な部分はその次のフェーズと考えてよいでしょう。**

筆者がサラリーマンを辞めて独立する際、取引先の経営者の方の何人かが、いろいろと支援をしてくれたことは先にも触れました。こうした支援があったからこそ、筆者は何とか事業を軌道に乗せることができたのです。

彼等は人生の先輩として、新しいことにチャレンジしようとする筆者を純粋に応援してくれたのだと思います。しかし彼等は、様々なピンチをくぐり抜け、事業を拡大してきた猛者《もさ》でもあります。単純に若いヤツを応援したいという気持ちだけで筆者を支援したわけではありません。

ある経営者の方は、会社の跡を継がせようとしている息子さんと、筆者が親しくなり、息子さんが筆者から何らかの刺激を受ければよいと考えていたようです（もちろん、直接聞いたわけではありませんから、これは筆者の想像になります）。

オーナー社長の息子は、優秀であっても、ある意味で王様育ちになってしまい、視野が狭くなりがちです。サラリーマン経験を経て、独立しようとしている筆者との交流から、何かを学んでもらおうと社長が考えても不思議ではありません。もう一人のオーナー社長は、筆者の事業がうまく軌道に乗ってきた時には、自分の会社と提携して、新規事業の足がかりにしようと考えていたと思います。

また別の経営者は、筆者をある種のセラピストと思っていたかもしれません。

経営者とは孤独なもので、周囲の誰にも相談ができないという悩みを抱えています。利害関係がまったくなかった筆者は、話をする相手として最適だったのです。こういう時には、下手にアドバイスをしても意味はありません。相手の社長の方が何倍も知識と経験を持っています。ひたすら話を聞くことがむしろ重要なのです。

相手の懐に深く飛び込むためには、相手にとって何らかの形で自分が必要とされているという状況が大前提となります。相手から必要とされた上で、フィーリングが合う、信用できる、といったメンタルな部分が影響し、これらがうまく共鳴した時に、密な人間関係が成立します。

密な人間関係は、無理に求めない方が効果的です。むしろ、相手が望んでいるものが何なのかを理解し、必要としているものを自分は持っているということを、さりげなくアピールできれば、あとは待っているだけでよいのです。

◇お金がなくてもビジネスはできる

独立・起業ということになると、重要となるのはやはりお金です。

お金はたくさんあった方がよいに決まっています。実際、ある程度の資金がないと立ち上げることができない事業というものもありますし、資金があるとより有利に進められる事業も少なくありません。

しかし、**お金がなければ何もできないと考えるのは早計です。お金を軽視してはいけませんが、お金がなくてもビジネスは何とかなるのです。**

「稼ぐ力」のある人は、単純にモノやサービスを売る力があるだけではありません。お金の流れを把握する能力が高いという特徴があります。お金の流れとは具体的に以下のようなことを指します。

スマホなど携帯電話のストラップを販売するビジネスを考えてみましょう。普通、こうした商品を販売するためには、最初に商品を開発・製造しなければなりません。基本的なデザインをデザイナーに依頼し、メーカーに発注して商品を製造します。倉庫を借りて商品を保管し、順次販売していきます。

ストラップが売れれば利益となるわけですが、売れるまでの期間は、デザイン会社への支払い、メーカーへの支払い、倉庫会社への支払いと、お金が出ていくばかりです。売上げが入ってくるまでの間に、かなりのタイムラグがあり、それを埋めるための資金が必要となるわけです。

しかし、やり方によっては、最初にお金をもらってから商品を作るということも可能となります。ネットで好みのデザインを募集し、一定の人数が集まったら商品化するというビジネスです。この方法でしたら、先にお金が出ていくことはありません。

もちろん、このやり方では、販売数量が小さくなるという欠点があり、事業としてうまくいくかどうかは分かりません。

しかし**大事なことは、こうしたお金の流れ**（**いつのタイミングで、どのくらいお金の出入りがあるのか**）**を事前に把握した上で、ビジネスの計画を立てることです。**

ビジネスで失敗する人の多くは、儲かるのかだけを先に考えてしまい、全体的なお金の流れを考えません。その結果、資金がないと事業を進められないことが分かり、せっかくのプランを断念してしまうのです。

筆者が知る経営者は、本当に無一文の状態から事業を立ち上げたのですが、どんな事業を行うのかを決めるにあたり、非常にユニークな基準を設定していました。それは、「最初に資金を必要としない」というものです。

彼は、様々な業界の人から話を聞き、業界慣行として先にお金がもらえる、あるいは支払いと入金がほとんど同じタイミングになるビジネスを列挙していきました。

さらに、全額はもらえなくても、一定割合いの手付金がもらえるビジネスにはどのようなものがあるのかについても徹底的に調べたのです。

その結果、それほど資金がなくても始められるイベント関係の仕事からスタートし、資金的に余裕が出てくるたびに、徐々に事業の分野を拡大させていきました。

資金的にまったく余裕がなかった彼にとって、重要なのは、利益ではなく、お金の流れでした。しかし、この発想は間違っていないのです。先に大きなリスクを取らなくて済んだ分、多少の失敗で事業から撤退する必要はありませんでした。結果として、事業の範囲を順調に拡大することができたのです。

お金の流れを事前に把握するためには、ある程度の想像力が必要です。ここでも自分の感覚を絶対視せず、客観的に理解する姿勢が非常に重要となってくるのです。

◇効果的な接待

最近ではだいぶ少なくなりましたが、顧客を接待して仕事を取るという慣習はまだまだ健在です。同じ接待文化といっても、業界によって大きく異なっており、中にはそういった慣習がまったくないという業界の人もいるかもしれません。

いろいろと批判もある接待文化ですが、日本の場合、多かれ少なかれ、接待をした方が、ビジネスを有利に進められるというのは事実と考えてよいでしょう。**いわゆる飲みニケーションは、できるに越したことはありません。**

一方で、懸命に接待を行っているのに、思ったような効果を上げられないという人もいます。そのような人は、何が間違っているのでしょうか。

接待でうまくいかない最大の理由は、接待を行う理由を根本的に取り違えていることです。このため、適切なタイミングで接待をすることができず、効果が半減しているのです。

接待で失敗する人は、接待について親睦を深める場だと思っています。お酒を通じて仲良くなれば、自然と仕事は付いてくると考えているわけです。

中には、そのような顧客もいるかもしれません。しかしほとんどの場合、飲みに行って親しくなったからといって、その会社に注文を出すわけではありません。

取引先の担当者は、提案された商品やサービスが気に入っても、即、採用を決断できるわけではありません。その商品やサービスを購入することで、自分の会社がどれだけ得をするのか、社内で説得する必要があるのです。

日本の会社は基本的に保守的ですから、新しい商品やサービスを検討する際には、これでもかというくらいネガティブな質問が社内のあちこちから出てきます。担当者は、こうした人たちを説得し、社内調整する必要に迫られるのです。

そのためには、社内の反対派に納得してもらうための材料が必要となるでしょうし、説得力のある資料を作成する必要もあるでしょう。

担当者はこうした作業が控えていることを考えると、新しい商品やサービスの採用について尻込みしてしまいます。

こんな時、担当者が喉から手が出るほど欲しいのは、社内の説得が何とかなりそうだという安心感です。十分な量の資料が提供してもらえそうだ、必要なデータを提供してもらえそうだという安心感があれば、担当者は気持ちをラクにして社内の手続きを進めることができます。こんな時に、ただ「食事をご馳走しますから」と言っても、逆に迷惑なだけということも多いのです。

接待が非常に意味を持ってくるのは、こうしたプロセスを経て、実際に採用について検討を始めた段階です。

その商品やサービスがよいことは十分理解しており、社内の対策もどうすればよいか分かっているものの、踏ん切りがつかないという時にこそ、接待は重要な意味を持ってくるのです。

このタイミングで、お酒も入り「頑張りましょう」という雰囲気に持っていくことができれば、最大の効果を発揮するはずです。

このようにして考えると、**接待というものは、完全に心理ゲームだということがお分かりいただけると思います。心理ゲームを制するためには、相手の状況を理解し、相手の立場で物事を考えることが極めて重要となります。**

食事やお酒の場が好きな人であれば、最後の一押しが接待ということになるだけです。別なところにツボがある人には接待は必要ありません。そのツボを押せるような材料があればそれでよいのです。

◇営業のノウハウは「稼ぐ人」の必須事項

営業は好き嫌いが激しい職種のひとつです。また世間一般では向き不向きが大きい職種であるとも思われています。

しかし、営業の仕事というのは、ビジネスのあらゆる局面で応用できる非常に普遍性の高いものです。しかも、実際にやってみると分かるのですが、**営業という仕事は、そのノウハウの体系化やマニュアル化が容易であり、もっとも向き不向きが関係しない仕事のひとつなのです。**

しっかりとしたノウハウを身につければ、誰でもやっただけの成果が得られます。「稼ぐ人」になりたければ、実際に営業の仕事をするかどうかはともかくとして、営業的なノウハウは身につけておいた方がよいでしょう。

よく「私は営業に向いていないので」というセリフを聞くことがあります。

営業マンは口がうまく、ノリで商品を売り込むことができないと成果を上げることができないと思っている人は多いかもしれません。

実際、口八丁、手八丁というタイプの営業マンが多いのは事実なのですが、このようなタイプでなければ実績を上げられないのかと言うと決してそんなことはありません。むしろ、驚異的なセールスの実績をたたき出す人は、まったく逆のタイプの人であることが多いのです。

現在横浜市長をつとめ、以前はダイエーの会長をしていた林文子氏は、自動車のセールスウーマン出身です。

営業の仕事をしていた当時、抜群のセールスを記録し、外資系自動車メーカーの日本法人トップまで上り詰め、その後、ダイエーの会長にスカウトされました。

林氏は見たままの人で、ギラギラとした営業マンタイプではありません。自動車以外の分野でも、驚異的なセールスの記録を打ち立てる人は、こういったキャラの人が意外と多いのです。

ただノリで攻めているだけでは、ある程度の数字は稼げてもそれ以上の成果を上げることは不可能です。

営業において重要なのは、相手がどのような気持ちになっているのか、何を考えているのかを徹底的に理解することであり、これができれば、口下手でも相当の実績を上げるこ

とができるのです。

人というのは、案外単純なものであり、行動パターンというのはだいたい何種類かに集約することができます。

営業がうまい人は、相手がどのようなタイプの人であるかを理解し、その人に合ったアプローチの方法を選択することができます。

また相手から発せられる様々なサイン（迷っている、拒絶している、本心では買いたい、など）も、タイプによって異なるのですが、これについてもよく理解しています。このためムダな動きが少なく、これが高い営業成績につながっているのです。

高収益で知られるキーエンスという計測機器メーカーがあるのですが、同社は、こうした営業のパターンを徹底してマニュアル化していることで有名です。誰が営業を担当しても、同じ水準の実績が出せるように工夫されているのです。営業というのは相当なレベルまでパターン化が可能であることを示すひとつの例と言ってよいでしょう。

相手が顧客であっても、上司であっても、同僚であっても、基本的な考え方は変わりません。

相手がどのような思考パターンを持っているのかを理解し、それに合わせたやり取りを進めていけば、コミュニケーションで失敗する確率はグッと小さくなります。

◇時代を見る目を養う方法

ビジネスで成功し続けるためには、時代の変化に取り残されないことが大切です。しかし、多くの人がなかなかこれを実践できずにいます。

時代を見る目を養うためにはどうすればよいのでしょうか。

時代の変化を知るための完璧な魔法は存在しません。しかし、ちょっとしたコツならあると言ってよいでしょう。著名な経営学者であるピーター・ドラッカー氏の「すでに起こった未来」という言葉はそのひとつかもしれません。

ドラッカー氏によれば、非連続的な未来であってもそれは急に訪れるのではなく、断片的ではあるがすでに起こっていることがベースになるそうです。つまり、今の動きを丹念に分析していけば、必ず未来は見えているはずということになります。

多くの人は、目新しい物事に遭遇すると、その表面的なインパクトだけに神経が集中してしまい、その本質を見失いがちです。「すでに起こっている未来」を認識することができないのは、こうした感情が邪魔をしている可能性が高いのです。

逆説的ですが、時代の変化を認識するためには、「変化したものを見る」のではなく、「変化しなかったものを見る」ことも大事です。これによって、本当に変化したものは何なのかを知ることができるかもしれません。

最近、会社内における電話の使い方について、若い世代と年配世代で激しい対立があるそうです。

年配社員が上司のかけた電話には原則として出るように主張するのに対して、若手社員は、電話はいつでも出られるわけではないので、重要な要件ならまずメールで連絡して欲しいと主張し、対立しているそうです。

ＬＩＮＥなどが当たり前の環境で育った若手にとっては、電話は強制的に割り込んでくる存在であり、よほどのことがない限りはかけてきて欲しくないと考えています。しかし、年配の世代は上司からの電話に出るのは部下として当然の礼儀だと考えています。

しかし、バブル世代より上の人たちが、若い頃、上からの連絡に対して忠実だったのかと言えば決してそうではありません。

当時は、メールはおろか携帯電話すらありませんでしたから、外出先で公衆電話を探して会社に電話をかけ、自分宛のメッセージや上司からの伝言があるか、いちいち確認する必要がありました。

しかし、今の上司たちは当時、これをよく怠り、当時の年配社員からひどく注意されていたというのが現実でした。当時の若手社員は、今の若手社員と同じように「用件がないことが分かっているのに何でわざわざ連絡しなければいけないのか」と上司に食ってかかっていたのです。

一連の事実から、基本的な人間の言動は時代によって変化していないことが分かります。変化したのはツールだけであり、しかもそのツールは、固定電話、携帯電話、メッセージング（ＬＩＮＥなど）といった具合に、ラクにコミュニケーションできる方向に進化しています。

そうであるならば、メッセージング・ツールが登場した今、かつて固定電話を携帯が駆逐したように、今度は携帯電話が駆逐されると想像できるはずです。

おそらく20年後には、さらに新しいツールが登場し、中高年となった現在の若手社員が、将来の若手社員に対して「とりあえずメールくらいよこせ」とエラそうに文句を言っているに違いありません。

第7章

「事業を創造」できる人材になるためには

◇事業立ち上げ成功のポイント

日本は高度成長が完全に終了し、モノやサービスを単純に売るだけでは儲からない時代になってきました。これにともなって、ビジネス・パーソンに求められる能力も大きく変わってきています。

以前は、決まったことを、しっかりとやり抜くだけの気力や体力があればよかったのですが、最近は事業を創造する力が強く求められるようになっているのです。

新しい事業を創造すると言うと聞こえはいいのですが、現実にはかなり大変なことです。新しく事業を創造し「稼ぐ人」になるためには、どうすればよいのでしょうか。

事業創造のプロといえばやはり起業家ということになります。

成功した起業家の中には単なる偶然という人もいるのですが、中には、複数の事業の立ち上げに成功している人もいます。こうした人たちは、新しい事業を立ち上げる独特のノウハウを身につけています。事業を創造できる人材になるためには、こうした成功者からノウハウを学ぶのがもっとも効率的です。

事業の立ち上げに何度も成功している起業家に特徴的な傾向は、同時に多数の事業に取り組んでいるという点です。

幸運にも最初に始めた事業が大当たりしたという人を除いては、多くの起業家が、かなりの数をこなして、ようやく成功する事業に辿り着いています。

筆者は自分自身も起業家の一人ですし、同時に多くの起業家からも話を聞いてきました。こうした経験を総合すると、事業で成功する確率というのは、10個の新しい取り組みを同時並行で行い、実際にモノになるのが1個あるかないか、という程度です。中には1年間に30個以上もの新規事業を行い、ようやくふたつの事業を軌道に乗せたという起業家もいました。

30個の新規事業を同時に始めるのは現実的ではありませんが、とにかく数をこなさなければ成功できないというのは重要なポイントと考えてよいでしょう。1個のアイデアに固執し、丁寧に準備ばかりしていたのでは、よほど運がよい人でなければうまくいかないわけです。

多少、雑でもよいですから、複数のプランを同時並行で進め、可能性が見えてきたものに対して、一気にリソースを集中させるといったメリハリが重要となります。

一方これとはまったく逆の考え方もあります。

それは過去に存在したビジネス・プランからアイデアを拝借するというものです。社歴がある企業の場合は特にそうですが、過去に新規事業に取り組んだ事例がいくつかあるはずです。よほど特殊な例を除いて、新規事業というのは自社の事業分野に関連のあるところから検討されることがほとんどです。

したがって過去の事例を調査すれば、検討に値する新規事業のプランについてヒントを得ることができるかもしれません。

過去に検討されながら実現に至っていないということは、何らかの理由があるはずです。ビジネス・モデルそのものにムリがあるケースであればどうしようもありませんが、何らかの条件が整わなかったことで実現に至っていないのであれば、それは大きなチャンスかもしれません。

その中には、状況が変われば、今すぐにでも立ち上げ可能なものもあるかもしれないわけです。**まっさらな状態から、知恵を絞って新規事業を考えるよりも、過去に検討されたものをアレンジする方がずっと現実的です。**

とにかく数をこなしてみる、過去の事例を徹底的に検証する、というふたつを実践すれば、新規事業が成功する可能性はかなり高まるでしょう。

◇「パクリ」は悪いことなのか

他人の真似をすることはよいことではありません。これは完全な正論ですから、正面から否定できる人はいないと思います。

しかし、**他社の真似をする、つまり他社のビジネスをパクることは、絶対にいけないことだと思い込んでいるようでは、新しい事業を創造することは難しいかもしれません。**

非常に逆説的な話なのですが、**他社のビジネスをうまくパクれる人は、新しい事業を創造することも得意なのです。**

「自分が思いついたことは、すでに10人が思いついていると考えよ」

起業の世界にはこんなことわざがあります。

どんなに優秀な起業家でも、一人で考えつくことなど、たかが知れている。自分では革命的なアイデアだと思っても、同じようなことを考えているライバルはいくらでも存在するのだという、戒めの言葉です。

こんなことわざもあります。

「商売の仕組みなど1000年前から何も変わっていない」

技術の発達でいろいろな進歩はありますが、ビジネスの基本は今も昔も同じという意味です。つまり、本当の意味で革命的な事業など、実際には存在しないのです。

大変な革命に見えるグーグルの検索エンジンの仕組みも、すでに存在しているいくつかのモデルの組み合わせでき上がっています。多くの人から参照される情報は重要度が高いという考え方や、ネット上に広告を効果的に表示する技術は同社が登場する以前から存在していました。

むしろグーグルがすごいところは、今までは関係ないと思われていた複数の技術やビジネス・モデルをうまく組み合わせたことであり、これこそが同社の重要な評価ポイントです。同社が単一の、革命的な発明によってこれだけの成長を成し遂げたと考えるのは、逆に同社のすごさを軽視しているとも言えるのです。

本当に優秀なビジネス・パーソンは、他社の優れたビジネス・モデルを模倣し、自分のビジネスに取り込むことができます。

パクリと言ってしまえばそれまでですが、これが実現できるということは、他社のビジネス・モデルのどこが優れているのかについて、しっかりと理解できているということを示しているわけです。
他社のビジネス・モデルの優れた点を理解できるということは、本当に画期的なアイデアに遭遇した時に、その本質を理解し、自社のビジネスに応用できることを意味しています。

本当に画期的なアイデアというのは、偶然から生まれることも多く、それが登場した時点では、あまり画期的とは思われていないのが普通です。これをどのように自社のビジネスに取り込めるのかということの方が圧倒的に重要なのです。

全世界の人が使っているポスト・イットは革命的な製品のひとつと言われていますが、この商品が開発される直接のきっかけは、開発の失敗で接着力の弱い糊ができてしまったことにあります。もともとこうした弱い接着力を生かした商品を作ろうとしたわけではなかったのです。接着力の弱い糊を見て、オフィス用品に応用しようという人が現れ、結果的に大ヒット製品が生まれてきたわけです。

私たちのほとんどは凡庸な人間です。
凡庸な人間が下手にイノベーションを追求しても意味がありません。むしろ他社の優秀なところを学び、自社に取り入れる（パクる）という行動を日常的に心がけている人にこそ、イノベーションは訪れる可能性が高いのです。

◇完璧な情報などないと割り切る

世の中には完璧な情報がないと仕事が進められないと言う人がいます。残念ですが、そのようなタイプの人は、あまり仕事がデキないと思ってよいでしょう。

ビジネスをする上で、情報収集は極めて大事なことなのですが、得られる情報には限りがあるということを自覚しないと、新しい分野で大きな成果を出すことはできません。

完璧な情報を求めるパターンが最悪の形で顕在化したのが、いわゆる「前例主義」ということになります。基本的に以前にあったことをそのまま踏襲することしか許容しないというスタンスです。当然ですが、このような思考回路を持っていては、新しいことは何ひとつできないということになります。

ここまでひどくなくても、何か新しいことに取り組む際に、限りなく状況が似ている類似事例を求める人は少なくありません。

経営コンサルタントをしている筆者の知人は、相手の会社の業務改善について提案するのが仕事なのですが、顧客企業の担当者からは、執拗に類似の事例を求められることが多いそうです。

彼はプロのコンサルタントなので、数多くの事例を研究しています。しかし、いくらそうした事例を探したところで、顧客企業とまったく同じ事例というものは存在しません。彼は、近い業種の事例やビジネス・モデルが似ている他社の事例を引き合いに出して説明するのですが、中にはそれでも納得しない人がいるそうです。

このタイプの人はおそらく社内でも同じような振る舞いをしている可能性が高いと考えられます。

例えば、上司から新規事業を立案するように求められ、部下にプランを作成するように指示したものの、部下が上げてくるプランについては「本当にうまくいくのか?」「ウチはやったことがないのに本当にできるのか?」とダメ出しを繰り返しているはずです。

これは少し極端な例かもしれませんが、多かれ少なかれ、このような感情は皆が持っているものです。

自分が知らないことや、経験していない分野の仕事を振られると、何をどう判断してよいのか分からなくなってしまうのです。

このような言動は、新規事業といった大がかりな話に限定されるものではありません。

これまでやったことがない業務を上司から指示された部下も、同じような振る舞いをしています。「これやっておいて」と言う上司に対して「やったことがないのでできません」と言ってしまった経験はないでしょうか？

もしやったことがある仕事しかできないのであれば、永遠に新しい仕事はこなせないことになります。未経験の仕事でもこなしていかなければ、自分の能力を高めていくことはできませんし、有能な上司であれば、あえてそのような仕事をあなたに振っている可能性が高いのです。

経験のないことに対する抵抗感をなくす第一歩は、完璧な情報などあるわけがないと割り切って、それを前提に行動することです。

上司から「あの件だけどうまくやっておいて」と意味不明の指示をされた経験は誰にでもあると思います。「うまくやっておく」などという指示はそもそも指示になっていませんから、そうした上司の指示は適切とは言えないでしょう。

しかし、この指示に対して「言っている意味がわかりません」と返す部下と「その仕事はこんな感じで進めればよいでしょうか？」と上手に確認する部下では、当然上司の評価は異なったものになってくるはずです。

最初から完璧なものを求めなければ、やり方はいくらでもあるのです。

◇一言で説明できる能力

稼ぐ能力のある人は、自分が今取り組んでいる仕事を他人に一言で説明するのが上手です。

新しいビジネスや難易度の高いビジネスに取り組む際には、関係者をいかに説得できるのかが重要なカギを握ります。その時、簡潔にビジネスの内容を説明できなければ、相手が納得してくれる可能性は限りなく小さくなってしまうのです。

あなたが今やっている仕事は何ですか？

もしそう聞かれたら、職種によっては簡単に説明できるかもしれません。営業なら「営業です」と言えばおそらくほとんどの人に通じるでしょう。経理や人事も同じようなものかもしれません。

しかし、マーケティングとなってくると、少し説明が面倒になってきます。マーケティングとひとくちにいっても、その理解は人によって様々だからです。

さらに「今あなたがいるチームの状況について説明してください」と聞かれた場合はどうでしょうか？　「なんて言ったらいいんでしょう」などと答えてしまうかもしれませんが、それでは相手を説得することはできません。

少々複雑なことを一言でまとめる能力があると、ビジネスでは非常に役に立ちます。営業の世界でも、分かりにくい商品を売らなければならない局面はたくさんあります。そのサービスはどのようなものなのですか？と聞かれた時、仕事ができる人はシンプルに返答することができます。

これは社内においても同様です。役員や部長など、上の人と話せる時間はあまり多くありません。その中で投げかけられた質問に対して冗長に答えていては明らかにマイナスイメージとなってしまうでしょう。

物事の内容をシンプルに相手に説明できる能力は、才能だと思っている人も多いのですが、必ずしもそうではありません。生まれつき、要約が上手な人もいるのですが、誰でも訓練で上達させることができるものなのです。

物事の要約が上手な人は、ほぼ例外なく、対象となる物事について100％理解しています。非常に単純な話ですが、これが基本中の基本です。つまり、自分でしっかりと理解していないものは、相手に対して簡潔に説明することはできないのです。

もし相手に対して、簡潔な説明をしようと思ったら、まず自分自身が、しっかりと理解することが重要となります。

次に大事なのは、要約して説明する際に必要となる「基本」を身につけることです。例えば「マーケティングって何ですか？」と人から聞かれたと仮定しましょう。

それに対して、「マーケティングは企業において非常に重要なものであり……」などと説明しているのは、あまり好ましくありません。相手は「何なのか？」と聞いているので、まずは「何なのか」について説明する必要があります。

この例では、「マーケティングとは、企業が製品を顧客に適切に販売するための一連の活動のことです」といった具合になります。マーケティングの重要性や、「市場調査」「販促活動」といった具体例は、その後に説明していきます。

ここで大事なのは、マーケティングとは「活動」のことを指しているということを、最初に明確にすることです。これをはっきりさせないと、相手は何のことを言っているのか、話を聞きながら推測しなければならなくなってしまいます。

もし上司に、「ツイッターって何」と聞かれたら、どう答えればよいでしょうか？

具体的な中身も大事ですが、まずはネット上の「サービス」であるという点を明確にできれば、説明能力は合格点です。

◇数字に強くなければ事業は生み出せない

世の中には数字に強い人とそうでない人がいます。しかし、ビジネスで成功しようと思ったら、数字に強い方が圧倒的に有利です。

稼ぐ能力があり、事業を創造することができる人は、総じて数字に強いという特徴があります。もし数字に弱いという認識がある人は、ぜひ克服してください。

ある上場企業の社長に就任したG氏は、当初、数字で大変な苦労をしたそうです。社長とその他の役員では、新聞記者やアナリストなど、周辺からの対応がまったく異なります。社長に就任すると、連日のように取材の依頼やアナリスト向けミーティングなどの予定が入ってくるのです。

このような席では、売上げや利益の目標はもちろんのこと、キャッシュフローの状況や今後のファイナンス戦略など、数字に関する質問が矢継ぎ早に社長に向けられます。

技術者出身で、社長になることをあまり意識していなかったG氏にとっては、相当なストレスになったそうです。

G氏はすぐに財務の勉強を開始して、半年後には専門用語を駆使してアナリストに説明するまでになっていました。しかし、G氏はもっと早いうちから数字に対する勉強をしておくべきだったと後悔したそうです。

新聞記者やアナリストを前に、ファイナンスについて議論するような機会は、経営トップや財務責任者くらいの立場にならないとやってこないかもしれません。

しかし、会社の中でも、中間管理職クラスからは、予算の管理など財務的要素が強い仕事の割合が高くなってきます。中間管理職を補佐する社員であれば、中間管理職に代わってそのような資料を作成する場面も出てくるでしょう。新規事業の立ち上げともなれば、数字を駆使した資料を作り、周囲を説得する必要に迫られます。

大して仕事ができるわけでもないのに、コンサルタント出身や金融マン出身の人が、経営の要職に就いたりするケースが多いのは、彼らが数字を駆使する能力に長けているからです。数字に対するトレーニングはしておいて損はないのです。

数字といってもすぐに簿記や財務の教科書を出してきて勉強する必要はありません。下手に簿記などを勉強すると、キーワードだけを覚えてしまって本質的なことが身につかないこともあります。

数字を身につけるにあたってもっとも大事なことは、すべて数字で表現するクセをつけることです。

例をあげて説明しましょう。

ここに急成長している企業があると仮定します。この会社がどれだけ成長しているのかを説明するのに「すごく伸びている会社です」と表現しているようでは数字と上手に付き合うことはできません。

その企業について「売上げが毎年20％ずつ伸びています」と説明すれば、実際にどの程度の成長なのか具体的に分かります。同じ急成長といっても、20％の伸びと80％の伸びでは状況はまったく異なります。

率も大事ですが、絶対値も大事です。

同じ20％増でも、売上高1億円の会社ではたかだか2000万円です。しかし、売上高が25兆円もあるトヨタのような会社が20％成長すると、伸びた分だけで5兆円になります。

この企業を例にとれば「売上げが毎年20％ずつ伸びていて、来期の売上予想は1億2000万円の見込みです」と説明できれば数字脳は完璧です。

◇チームワークが不得意な日本人

日本企業は集団での業務を得意としているが、欧米企業は個人プレーで成果主義。世間一般ではこうしたイメージができ上がっているかもしれません。しかし、現実のビジネスの世界を覗いてみると、かなり様子が異なっています。

個人主義が強そうなイメージがある欧米企業の方がむしろチームプレーを重視しており、日本企業の方がチームワークを苦手としているのです。

日本企業がグローバル化で躓《つまず》くのは、チームプレーが不得意であることも原因のひとつと言われています。逆に言えば、本当の意味でのチームプレーを主導できる人材になることができれば、その人は間違いなく、大きな成果を残せるでしょう。

チームプレーと強いリーダーシップは一見、矛盾しそうですが、そうではありません。チームプレーをうまく機能させるためには、各人が各人の役割をしっかりと認識し、その部分において積極的にリーダーシップを発揮しなければなりません。

最終的な権限は当然、そのチームの責任者にあるわけですが、その責任者がすべてを決めてしまうことをリーダーシップと呼ぶわけではないのです。

日本の組織は集団で行動はしていますが、各人が役割を明確に認識し、その部分では責任を持って主導権を発揮するという形にはなっていません。誰が何を決定するのかについて、明確な権限がないことがほとんどなのです。

外国企業とのミーティングでは、先方は2人しか出席していないのに、日本側は5人も7人も参加して、誰が意思決定権者なのか分からないという光景は日常的に見られます。

やることがある程度決まっていて、とにかくそれをこなすだけという、単純なビジネス・モデルであれば、それでもうまく機能するかもしれません。

しかし、**新しいアイデアを具現化していくことが求められる今の時代にあっては、チームプレーが機能しないことは大きなマイナスとなります。市場が求めている人材はこうした状況をうまく打開してくれる人物なのです。**

会社の中には役職が存在するため、完全にフラットな関係というものはあり得ません。しかし、そういうカベを取り払った状態で仕事をするという事態になれば、実は自然と役割分担は決まってくるものです。

全体に目配りができて、多くの人から好かれているタイプの人は、全体をコーディネートする役割になってくるでしょうし、コテコテの営業マンの人は、営業面でのリーダーシップを発揮してくることになるでしょう。マメなタイプの人は最終的な進捗チェック役かもしれません。

本当の意味でリーダーシップを発揮できる人材というのは、会社の役職という立場を前提にしつつも、こうした自然に決まってくる役割をうまく組織の序列にあてはめることができます。

もしあなたが、現在、チーム・リーダーという立場であれば、話は早いでしょう。チームを構成するメンバーの能力や性格を見極め、チームの中での役割を強く本人に認識させることがリーダーの仕事となります。それができればチームの能力は飛躍的に向上するはずです。

もしあなたがリーダーの立場でなければ、リーダーがそのような仕事ができるように補佐していくのがあなたの役割となります。

上司の顔を潰さぬよう、うまく立ち回り、最終的には上司がこうしたチーム作りを主導した形に持っていくわけです。これができれば、あなたは組織の力を使ってより大きな仕事をこなせるようになっていくはずです。

◇ 仕事を覚えるのが速い人になる

ビジネスの世界で大きな実績を上げることができる人にとっては、業種や業界といった違いはあまり関係しません。どんな業種・業界にいても、大きな成果を上げることができます。

つまり、仕事ができる人は、新しい仕事にすぐに順応し、すぐに自分の実力を発揮することができるわけです。逆に言えば、**新しい業務をすぐに覚え、新しい組織に順応する能力を身につければ、ビジネス・パーソンとして大きく飛躍できることになります。**

多くの日本企業がゼネラリストを重視しています。

技術系の会社など特殊な例はありますが、出世していく人は、複数の分野を一通り経験してから要職に就くというケースが多くなっています。

専門性を重視する欧米企業も、一定以上の役職になると、やはり複数の部門の経験が必要となってきます。自分の専門分野以外の仕事についてもスムーズにこなせることは、世界各国で求められる共通スキルなのです。

実際、ビジネスで成功する人は、新しい仕事が与えられると、すぐにそれを受け入れることができるのですが、それは仕事の理解の仕方が上手だからです。

仕事の理解が上手な人は、まず最初に仕事の全体像を把握します。

全体像を把握してから、細かい部分も含めて手順を覚えていくわけです。最初に全体像を頭に入れているので、細かい点で躓いても、とりあえず仕事を進めることができます。

一方、仕事の理解が遅い人は、頭から順に仕事の手順を覚えようとします。

単純な仕事であればそれでもよいのですが、複雑な仕事の場合にはすぐに限界が来てしまいます。

その仕事のプロセスがどの程度長いのかを把握せずに、頭から覚えようとすることは効率的とは言えません。実際にやってみたら、プロセスが非常に長く、覚えきれないということはしょっちゅうあるからです。

仕事をやりながら全体像を覚えるという方法もありますが、慣れるまでは細かい点でいちいちストップしてしまうので、全体を把握するまでに時間がかかってしまうことに変わりはありません。

大きな仕事をこなすようになってくると、仕事の全体像を的確に理解した上で、個別事項を判断する必要に迫られます。ゼネラリスト的な人を出世候補にするという日本企業の方針はあながち間違ったものではないわけです。

こうしたスキルは、実は日々の仕事の中で身につけていくことが可能です。もっとも簡単なやり方は、今、自分が所属している部署のボトルネックがどこになっているのかを分析してみることです。

自分が所属している部署の仕事全体を改善するためには、その業務全体を理解しなければなりません。自分の担当だけでなく、自分の前に仕事をしている人、自分の後に仕事をする人、自分と平行して仕事をする人など、周囲の人の仕事も進め方も理解する必要があります。

部署の仕事全体を見て、どの部分をどう改善すれば、全体の仕事の流れがよくなるのかを常に考えていくわけです。

仕事の飲み込みが早い人を「要領がいいから」という一言で片付けている人が多いのですが、決してそうではありません。**要領がいい人は、実はこうした日常的なところから、全体像を把握する訓練をしているものなのです。**

◇仕事で板挟みになったら…

仕事を進めていくうちに、複数の関係者の間で板挟みになってしまったという経験は誰にでもあるでしょう。

小さなプロジェクトであれば大した問題にはなりませんが、多くの利害関係者がいる大きなプロジェクトになると、こうした状況をいかにクリアできるかが仕事の成否を分けることになります。

関係者の間で板挟みになってしまった時、単にメッセンジャーボーイになってしまうと、事態は悪化するばかりです。板挟み状態になった時には、そこから抜け出すための方策が必要となります。

イベント関係の会社に勤めるRさんは、いつも取引先と上司との間で板挟みとなってしまいます。上司はいつも、取引先の状況を考えずに、気分でリクエストします。取引先の責任者はいつもそれで怒っているのですが、直接Rさんの上司にクレームを入れることはありません。もっぱら担当のRさんに対して、怒りの矛先を向けてくるわけです。Rさんが取引先の状況を上司に説明すると、今度は上司が怒り出す始末です。

このような時、双方を行ったり来たりして、オウム返しに相手の言うことを伝えるというのは、もっともよくないパターンです。そのうち「君は伝書鳩か！」などと、怒りを買うことにもなりかねません。

最後は、上司からも取引先からも信頼を失うことになってしまいます。

このような時はどうすればよいのでしょうか？

ひとつの方法としては、人として最低であっても、ひたすら上司の側について、取引先の意向を無視するというやり方もあります。会社と会社には力関係というものがありますから、もし取引先が弱い立場であれば、要求を受け入れるでしょう。

しかし、このようなやり方をしていると、社内的には何とか大丈夫でも、取引先からの評判は下がってしまいます。また取引先の立場が強い場合には、かえって逆効果になる場合もあります。あまり望ましいやり方とは言えません。

結局Rさんが採用したのは、ひたすら自分が悪者になって謝り倒し、一方で上司が出した相手への要望はすべて押し通すというやり方でした。

「そんな依頼、ムチャでしょ。分かんないの？」と責めてくる相手の責任者に対して、R

さんは「自分が未熟なので本当に申し訳ありません」とひたすら謝りました。
しかし一方で、上司が求めている要求は決して変えませんでした。相手が「君では話にならない」と言って怒っても「申し訳ありません」を繰り返したのです。
結局、相手の責任者が上司に直接掛け合うことはなく、案件は上司が希望する通りの形に収まりました。先方の責任者も最初は怒っていましたが、最後の方には疲れてしまったのか、「君も大変だな」などと声をかけるまでになってしまったのです。

こうした状況を作ってしまった本当の責任は上司にあります。しかし、部下が上司の責任感のなさを嘆いても問題は解決しません。

責任感のない上司ほど、自分が思ったようにいかなくなると部下のせいにするものです。このような状況では、取引先の感情を害さないよう注意しつつ、上司の無責任な態度に付き合う以外、方法はないのです。

この考え方は上司・部下・取引先という関係だけでなく、あらゆるプロジェクトに応用することができます。

道徳的には何とも不愉快な状況かもしれませんが、これが現実の世界です。こういった局面を乗り越えなければ、大きな仕事をこなすことは難しいでしょう。

第8章

「稼ぐ人」になるために必要なこと

◇稼ぐ人は理想の上司など求めない

多くのビジネス・パーソンが理想的な上司を求めています。

筆者もサラリーマンだった頃には、厳しくてもよいので、自分を的確に指導してくれる上司はいないものかと思っていました。

しかし、「稼ぐ人」になってビジネスで成功しようと思うのであれば、そのような考えとはキッパリとおさらばする方がよいでしょう。**理想の上司を追い求める行為は、ビジネスでの成功において、何の役にも立ちません。**

まず最初に、そもそも論として理想的な上司などいるわけがないということを理解する必要があります。

自分が勤めている会社には、経験という違いはあるにせよ、潜在的に自分と同程度の能力の人が集まっていると考えてよいでしょう。そうなってくると、自分を導いてくれるようなレベルの高い上司がいないのは、ある意味で当たり前のことなのです。

重要なことは、上司は利用するものであって、何かを求める対象ではないということをしっかりと認識することです。

例えば、組織の中で出世していくことを考えた場合、まずは直属の上司から評価されることが重要となります。この部分で失敗してしまうと、異動で別の上司に交代しないとラチがあかないことになってしまいます。

そうであれば、出世のためには、上司からの評価をいかに引き出すかが重要なのであって、上司に頼って指導してもらおうというのは、むしろ本末転倒であることが分かると思います。

上司が持っているノウハウや考え方で「これは！」と思えるものは堂々と盗めばよいでしょう。しかし、上司を理想化して指導してもらおうと考えてしまうと、うまく指導してもらえない場合にはそれが不満に結びついてしまいます。不満を持った上司に引き立ててもらうなどあり得ないことですから、ある意味でこうした感情は、出世を拒否しているとも言えるのです。

上司や先輩に指導を求めるのはせいぜい新入社員の時までです。2年目からはすでに出世レースが始まっています。**上司は出世のための道具にしか過ぎないことを、どれだけ早く認識できたのかで、その後の出世レースの結果は大きく変わってくるでしょう。**

上司を利用して出世するためには、自分に合った上司を求めるのではなく、常に上司に自分を合わせるという柔軟性が大事です。

韓国の前大統領だったイ・ミョンバク氏はサラリーマン出身ですが、彼の出世哲学は徹底しています。

韓国は日本よりも上下関係が厳しく閉鎖的で息苦しい社会です。何のコネもなかったイ・ミョンバク氏は必死の努力で現代建設のトップにまで上り詰め、やがては大統領にまでなったわけですが、その秘訣は柔軟性です。

イ・ミョンバク氏は相手を変えることは不可能なので、物事をうまく進めるには自分が変わるしかないと理解し、それを実践したのです。

相手の思考回路や行動を徹底的に研究し、コロコロと考えが変わる上司ならそれを前提にし、怒鳴り散らす上司ならそれを前提に物事を組み立てたそうです。そこには理想の上司を追い求める姿は微塵もありません。本当の意味で出世する人とはこういう人なのです。

理想の上司を求める行為が行き過ぎると、最後は「この会社にはまともな上司はいない」と言って転職を繰り返すことになってしまいます。戦略性のない転職は失敗の元ですから、注意が必要です。

◇上手なコミュニケーションのコツ

コミュニケーションは、相手が何を言いたいのか理解することから始まります。相手の言葉を理解することはコミュニケーションの第一段階と言ってよいでしょう。

コミュニケーションが苦手という人は、自分の意思をうまく相手に伝えられないのが問題だと思っていますが、そうではありません。むしろ、その前段階である、相手の言葉の理解が十分ではない可能性が高いのです。**相手の言っていることをしっかりと理解できれば、コミュニケーションの８割は成功したのも同然なのです。**

事務機器の販売会社に勤務するある若手社員は、ある日、上司から「君、大丈夫か？」と言われました。

彼は現在、コピー機を担当する部署にいるのですが、異動になってからまだ日が浅く、コピー機に関する用語が十分に飲み込めていませんでした。

しかし、彼は「はいはい、わかりました」といった調子で、お客さんにも知ったかぶりをしてしまいます。それを見ていた上司は「君は顧客が言っていることを理解できていないようだが、そんな状況では困るんだ」というニュアンスで発言したのです。

つまり上司は、彼のことを気遣って大丈夫か？と言ったのではなく「知ったかぶりをして適当な返事をするな」と叱責したわけです。

しかし、彼の返事は「はい。大丈夫です」という驚くべきものでした。

彼は自分が上司から気遣ってもらっていると勘違いしているかのようでした。叱責とは真逆の理解であり、下手をすれば「お気遣いいただいてありがとうございます」などと言い出しかねない勢いです。

彼は上司の言葉の意味をまったく理解していないように見えるわけですが、こうした対応をしてしまう人は主にふたつのパターンに分類されます。

ひとつは本当に上司の言葉を理解できていないというパターン。もうひとつは叱責であるということは何となく理解できているものの、それを認めることができないでいるというパターンです。

どちらもよくないことなのですが、前者の方がより深刻です。

もし自分が、周囲の空気を読めていないと感じることが少しでもあれば、こういったミスを結構な頻度で繰り返している可能性があります。しかし、周囲の空気を読めない人は、そもそものようなことが苦手なので、空気が読めていないわけです。その人に対して、ただ空気を読めと言っても何の解決策にもなりません。

空気が読めない人が、その状態を改善するためには、相手の表情を注意深く観察し、その表情が何を意味しているのか理解するというトレーニングが必要となります。

何か変なことを言った時には、少なくとも相手は怪訝そうな顔をしているはずですから、こうしたサインから違和感を読み取る訓練を繰り返すわけです。また言葉にはどのような言い回しがあるのかについても集中して理解するようにします。

叱責されているのは分かっているが、それを認めることができないというパターンの場合は、状況を多少理解できているという意味ではまだマシかもしれません。しかし、これを乗り越えることも実はなかなか難しいのが現実なのです。

相手による叱責を認めることができないということは、自分が正しいという思いが非常に強いことを意味しているからです。あるいはプライドが高く、他人から怒られるという事態に耐えられないという可能性もあるわけです。

外国語も同じですが、相手が何を意図しているのか、どんなニュアンスで話をしているのかが分からないと正確なコミュニケーションは成立しません。相手を理解するための努力は惜しんではなりません。

◇セクハラ問題など怖くない

最近はどの会社もコンプライアンス重視で息苦しいと言われています。セクハラなどへの対策も強く求められており、異性の社員とどのように会話したらよいか分からないと困惑する人も少なくないようです。

しかし「稼ぐ人」にとっては、セクハラ問題など何も怖いことはありません。**稼ぐ人のマインドを身につけていれば、セクハラ問題に巻き込まれることなどほとんどあり得ないからです。**

セクハラ対策が厳格化されて怖いという人の多くは、異性に対してどのような発言がアウトになるのか、基準があいまいであり、その部分でどう振る舞ってよいのか分からないと考えています。

確かにこの基準はあいまいで、ある人にとってはまったく気にされない話でも、ある人には嫌がらせに感じるものです。ひどい場合には、明らかにセクハラであっても、魅力的な人物であればOKだったりするのも事実です。

セクハラ対策でもっとも重要なことは、それに関連するような話をしないことです。しかし、逆に考えれば分かると思いますが、そもそも職場において、非常にプライベートなことについて会話する必要がどれだけあるでしょうか？

限られた時間の中、業務の指示や報告、内容のすりあわせなどを次々行っていれば、そうした微妙な状況となる会話をする時間など本来ないはずです。

また部下に対する褒め方や叱責の仕方についても、職場であるという点を考えれば、本来はすべて職務のことに限定されてきます。それ以外のことに話が及ぶ方がおかしいわけです。

基本的に自分がいる場所は職場であり、仕事をしに来ているのだという明確な意識があれば、会話のほとんどは業務に関連するものになります。普通に仕事の話をしている限り、セクハラに認定されることなど、ほとんどないと考えてよいでしょう。

もちろん職場であっても、くだけた会話を一切しないということは非現実的かもしれません。

しかし、どういった会話が相手を不愉快にするのかについては、１カ月も周囲の状況を観察していれば分かってくるはずです。

セクハラに限らず、人を不快にさせている人は、なぜかその自覚がありません。不快なことを言われた相手は、表情に露骨に不快さを浮かべていることがほとんどであるにもかかわらずです。

自分の言動と相手の反応を注意深く探るクセがついていれば、こうした問題のほとんどは回避することが可能なのです。

この話は組織のグローバル化とも関係します。

職場にいろいろな国籍の人が入ってくると、その生活習慣や宗教など様々な違いが出てくることになります。

こうした際にも、**無用なトラブルを避ける最善の方法は、メンバー各人が、職務に邁進することなのです。仕事の責任や範囲を明確にし、しっかりと業務の指示を行っていれば、基本的に微妙な部分に会話が及ぶ必要はありません。**

「あの件は何とかうまくやっておいて」などという、日本語でも意味の通らない指示を出していては、相手が混乱するのは当たり前です。話が混乱してくると、文化的な違いが顕在化しやすいわけです。

「あうん」の呼吸に依存し過ぎてきた日本企業が、グローバル化で苦戦しているというのは、決して偶然ではないのです。

◇ミスそのものは問題ではない

多くの人が仕事でのミスは仕事の成果に大きく影響すると考えています。もちろんミスはしないに越したことはないのですが、ミスそのものが仕事の成果に致命的に影響するのかと言うと必ずしもそうではありません。つまり、ミスをしたことについてあれこれ悩むのはあまり意味のないことなのです。

むしろ大事なのは、ミスそのものではなく、ミスをした背景やミスをした後の処置の方です。こちらの対策を誤ると、仕事の成果に大きく影響してきます。

仕事上のミスのせいで自分はうまくいかないと思っている人は、そのあたりを誤解しているかもしれません。

会社の上司や取引先の中には、性格の悪い人もいます。

中にはミスをしたことそのものについて延々と責める人もいるでしょう。しかしそういったタイプの人はあまり仕事ができる人ではありません。ある程度まともな感覚を持っているビジネス・パーソンであれば、ミスしたこと自体を激しく責めることはありません。

ミスについて厳しく叱責されるとすれば、理由はふたつしかありません。

ひとつは、必要とされる手続きをきちんと踏まなかったり、事前に説明された注意点を無視した結果としてミスしているというもの。もうひとつは、同じミスの繰り返しです。

仕事には皆が従わなければならないルールというものがあります。

進捗状況に応じて周囲の承認を得たり、前例に従って手続きを進めるといったことがそれに相当します。その内容が多少面倒なものであっても、チームで仕事をしている以上、そのルールを破ってはいけません。

逆に言えば、このようなルールというものは、これに従っていれば、失敗しても最悪の結果は回避できるという保険でもあります。

このルールを無視してしまった場合、結果がよくても評価されない可能性が出てきます。ましてやミスをしてしまった場合には最悪の状況となります。

叱責している相手は、ミスそのものではなく、事前に定められたルールを守っていないことを問題視しているわけです。

ところが、ミスに対する対応が下手な人は、この事実になかなか気が付きません。

本人はミスをしたことを責められたと思い、挙句の果てに「ミスは誰にでもあるものなのに、自分だけが責められている」という被害妄想まで持ち始めてしまいます。これでは、仕事をうまく進めることができないのは当たり前です。

同じミスを繰り返すということも実は、こういった仕事の進め方に大きく関係していいます。偶然にも単純ミスが重なり、連続して仕事に失敗するという運の悪い人もいるかもしれません。しかしそのような人は非常に少ないのが現実です。

ミスが繰り返されるということは、仕事の流れが頭の中で手順化されていないことが主な原因と考えられます。

周囲に相談することや所定の手続きを踏むことは、単純ミスを軽減し、業務の流れをしっかりと手順化する役割を果たしていることを忘れてはなりません。

連続ミスについても、ミスそのものが叱責されているのではなく、仕事の進め方について問題視されているのだということが理解できると思います。

こうした根本的な理解の違いは、ミスが発覚した後の本人の態度に如実に表れてきます。手続きの重要性を分かっていない人は、ミスは不可抗力という思いが前面に出てしまい、相手の神経を逆なでしてしまうのです。結局のところ、ビジネスというのは、相手をどう理解するのかにかかっているのです。

◇返事は早い方が断然有利

ビジネスで成功する人には、基本的に返事が早いという特徴があります。

もちろんただ早いだけでは意味がないのですが、相手からの問いかけにすぐに反応できると、ビジネス上、有利なことが多いのは事実です。

幸いなことに、ちょっと工夫をすれば誰でも返事を早くすることができるようになります。返事を早くすることは、誰にでも実践できて、しかも確実に効果が得られる方法と言えるでしょう。

相手からの問いかけや誘いに対して返事を遅らせることはほとんどデメリットにしかなりません。

例えば行きたくない飲み会に上司から誘われたと仮定しましょう。あなたには選択肢がふたつあります。嫌でも参加するか、断るかです。

思い切って断れるのであればそれはそれで問題ないのですが、結局行くのであれば、最初からふたつ返事で参加を表明した方が上司の印象は断然よくなるはずです。

また断る場合でも、即答せずにさんざん引っ張った上で、結局参加しないというのであれば、最初から断っておく方が上司もスッキリすることでしょう。ほとんど場合、返事を留保してよいことはないのです。

相手からの誘いに即答することで、さらに高い成果を上げている人もいます。

ある証券会社の営業マンは、顧客の社長のところに金融商品の提案に行っていました。

ある日社長が切り出しました。

社長「会費はちょっと高いんだけど、ある会合があってね。一緒に行ってみる？」

営業マン「ぜひご一緒させてください」

社長「まだどんな会合なのか何も言っていないよ」

営業マン「社長のお誘いならいい話に決まってます」

社長「君には参ったね……(笑)」

社長は終始ご機嫌だったそうです。営業マンは、社長が集まる会合に参加することができ、より多くの顧客を獲得することができました。

この営業マンのすごいところは、相手が内容を言う前に快諾している点です。まず相手はそこでびっくりします。おまけに「社長の誘いなら間違いないので即答しました」と相手のプライドをくすぐっています。相手はそこまでするとは思っていないので、彼への評価が倍増するわけです。

返事は早い方がよいと言っても、何も考えずにハイハイと返事をするのは考え物です。しかし、いろいろ考えてしまうと、すぐに返事ができないというジレンマに陥ってしまいます。

この営業マンは何も考えずに返事をしているのではありません。彼は、徹底的に考え抜いているものの、選択肢は最初から存在していないのです。

営業マンは、重要顧客である社長からの誘いは断らないと決めているのです。結果としてあまりメリットのない誘いであったとしてもそれはそれでしょうがないとハラをくくっているわけです。どうせイエスと返事をするなら、相手の上を行った方がいいに決まっています。

返事が早い遅いは決断のスピードではありません。実は、事前の準備の問題だったわけです。これはどんなことが起こるのかを事前に予測する技術であり、常に相手の立場でものごとを考えていればこそできるワザなのです。

◇筆マメは成功するという話のウソ・ホント

筆マメはビジネスで成功するとよく言われます。

もちろんマメに連絡を取ったり、挨拶を欠かさないことは極めて大事なことです。しかし、**せっせとマメに手紙を書いていればビジネスで成功できるのかというと、そう甘くはありません**。ここでは、筆マメと成功の関係を探ってみたいと思います。

よく出世術や仕事術的なノウハウ本を見ると、マメに礼状を書いたりすることの効用が説かれています。もちろんこうしたテクニックの効用について筆者も全否定するわけではありません。

しかし、こうしたテクニックを使う際に注意しなければならないのは、相手との関係性です。この部分がうまくかみ合えば、大きな効果が得られるかもしれません。しかし、この部分がうまくかみ合わないと、せっかくの努力が水の泡になってしまいます。

意外な感じがするかもしれませんが、筆マメが大きな効果を発揮するのは、すでにビジネスで成功し、それなりの立場になった人の方なのです。

ビジネス誌のコラムなどで、有名で超多忙な経営者と会った人物が「すぐに丁寧なお礼状が届いて感激した」という話を見かけることがありますが、まさにこのようなケースが該当します。

こうした気配りは意外感があるとその効果が倍増します。つまり、立場の高い人が行ってこそ意味があるというわけです。

このような振る舞いに感激する人は、最初から相手を自分より格上として見ています。格上と思っている人から、丁重な扱いを受けると、自分も立場が上がったような気がして感激するというメカニズムです。

周囲の評価を気にするエグゼクティブの人は、こうした対応を業務の一環としてシステム化していることすらあります。秘書が無数の面談をすべて管理し、お礼状の作成や電話をかけるタイミングまでスケジュール化されていることも多いのです。

直筆と思われるメモもホンモノであるか保証の限りではありません。実際、筆者が知るある著名な企業経営者は、直筆もどきのお礼メモを書く専門の秘書要員を配置していました。

ところが同じことを対等あるいは目上の人に対して安易に行ってしまうと、逆に相手の

印象を悪くする可能性もあるので注意が必要です。

立場が上の人は、よほど有用だと思わない限り、自分より立場が下の人と積極的に交際することはありません。下の人が一生懸命、手紙を送ってくることを好意的に捉える人もいますが、一方で、マメに直筆の手紙など送られても迷惑にしか感じないという人もいるわけです。

こうしたアプローチをする場合には、何よりも相手がどんな人物なのかを知ることが重要となります。つまり筆マメはその次のフェーズとして出てくるものなのです。

もっと現実的な話としてマメさを成功の道具にしようと思うのであれば、仕事上の連絡をマメにした上で、必要に応じて相手をうまく立てればよいでしょう。

能力のある相手の場合、相手を立てたからといって特別な評価は与えてくれないかもしれませんが、少なくとも仕事の連絡が密になることは歓迎するはずです。悪い扱いにはならないでしょう。

成功したビジネス・パーソンの中で、こうしたテクニックだけでうまくいったという人はあまりいません。しかし、何らかの形で上司や顧客に対するヨイショは行っています。

要するに相手のニーズにいかに応えるかということが重要であり、筆マメを含めてあらゆるテクニックは、それを実現するための手段に過ぎないわけです。

◇教えてもらって当たり前と思わない

年配のビジネス・パーソンはよく「最近の若い人は、イチから仕事のやり方を教えないと覚えない」と嘆いています。

しかし、この話はほとんどの場合、真実ではありません。年配のビジネス・パーソンが若かった時は、上の人から、やはり同じように言われていたはずなのです。

つまり世代によって覚える能力に差があるのではなく、ほとんどの人がイチから教えられないと仕事の仕方を覚えることができないのです。

しかしながら、このことを逆に考えると大変なチャンスであることが分かります。**多くの人がイチから仕事を教わらないと覚えることができず、教える側の人がそれを負担に感じているのであれば、多くを教わらなくても仕事を覚えてくる人材は貴重な存在となるはずです。**

年配者のグチは、そのまま聞くとうっとうしいものですが、ビジネスで成功するヒントを与えてくれるものと考えれば、むしろ情報の宝庫とすら言えます。

例えば会社の中での仕事を考えてみましょう。

多くの人が細かい内容を説明されないと仕事ができないというのは、その人の能力の問題ではありません。むしろ、その人のメンタリティに大きく依存しています。

こう言ってしまうと身も蓋もないのですが、覚えられない人というのは、教えてもらって当たり前と思っているので、いつまで経っても覚えられないのです。

学校や予備校では、この考え方は、ある意味では正論です。生徒はお金を払ってサービスを受ける側であり、教える人はそれが仕事です。もちろん学校での教育はそれだけが目的ではありませんが、より分かりやすい説明があって当然というのは確かでしょう。

しかし、会社の上司にとって、仕事を教えることそのものは仕事ではありません。

部下を使って仕事を進める必要があるため、必然的に仕事を教えるという作業が発生するだけです。上司にとってみればこの作業はないに越したことはありません。

ここで、仕事を教えてもらう側が、すべて教えてもらって当然、と考えている場合と、ある程度は自分で情報収集すべきと考えている場合では、教えられる側の状況が変わってくるのは当たり前のことなのです。

昔から「仕事は教えてもらうな。上司から盗め」と言われていますが、これは当たっています。

仕事の大半は上司や先輩の様子を注意深く見ていれば、だいたい把握することができるはずです。仕事内容がよく分からないという人のほとんどは、上司と先輩社員のやりとりを注意深く観察していないのです。

しかも、事前に情報を仕入れていれば、上司に対しても効率のよい質問をすることができ、仕事を覚える効率は何倍にも増大します。

何も分からない状態では、自分がどこまで分かっているのかもよく理解できませんし、何を質問してよいのかもわかりません。事前の情報収集は非常に重要なことなのです。

もうひとつ、仕事を覚えるにあたって重要なことは、自分が内容を完全に理解できるまでは、仕事の進め方に対してあまり疑問を持たないことです。

会社で標準的となっている仕事のプロセスは、長い時間を経て、その会社の業務に最適なように形作られたものと言ってよいでしょう。一見、ムダであったり、意味がないように思えても、最終的にはもっとも効率が上がるようになっていることも多いのです。

仕事の中身を完全に把握するまでは、無条件にそのやり方を真似た方が効率的です。どうしても改善したい点があるならば、ある程度、そのやり方で仕事を進めてみてからでも決して遅くはありません。

◇自信をつける唯一の方法

いろいろと勉強しているつもりなのだが、今ひとつ自分に自信が持てない。そう考えるビジネス・パーソンは多いと思います。

確かに自信がなさ過ぎるのはよくないことなのですが、自信がない、と考えがちな人はむしろラッキーと思った方がよいでしょう。ビジネスの世界でもっとも危険なのは、「根拠のない自信」だからです。

ただ**本当の意味での自信をつけることはそう簡単なことではありません。自信をつけるための魔法は存在しないからです。**

ひとつひとつ仕事の成果を積み上げていき、それを自信に結びつけていくことが唯一の方法となります。

ビジネスに対して自信を持っている人には、ふたつの傾向が見られます。

ひとつは、学歴が高かったり、スポーツの経験があったり、あるいは学生時代のサークル活動の経験が豊富など、擬似的な体験を持っており、それが、自分は仕事もできるだろうという自信につながっているパターンです。

もうひとつは、実際に仕事の成果がベースになっており、それが自信につながっているパターンです。

当然ですが、前者の自信はあまりアテになりません。

もちろん勉強はできた方がよいですし、厳しい受験勉強を耐え抜いた精神力はいろいろと応用できるでしょう。スポーツやサークル活動も同様です。

しかし、現実の仕事との対比という点では、これらはしょせん疑似体験でしかありません。ビジネス上の厳しい局面に遭遇し、精神的に参ってしまった勉強エリートや、元スポーツ選手という人を筆者は何人も見ています。

一方、仕事の成果を自信につなげていく方法は、着実なやり方といえます。しかし、ここにもいくつか問題があります。その人、一人が体験できることには限界があるという点です。

仕事の環境が次々と変わり、様々なビジネス・シーンを実体験できるという人はそう多くありません。場合によっては、同じような仕事の繰り返しばかりという人もいますから、それらを順調にこなしたからといって、あらゆる仕事の自信につながるというわけではないでしょう。

しかし、こうした環境も工夫次第では、効果的な訓練センターに変えることができます。

いくら単調な仕事でも、その中には、ちょっとした交渉や非常事態、人間関係のもつれなど、ビジネス上のトラブルというものが存在しています。こうした出来事について、ふだん、あまり意識して過ごすことはないのですが、これをうまく活用するのです。

仕事上のことでちょっとした駆け引きをする場合でも、あらかじめシナリオを立て、それに基づいて交渉する場合と、その場でテキトーに行うのとでは、知識としての定着度が異なります。

相手に意図が伝わらず、行き違いが発生したという場合でも、規模を大きくすれば、それは立派な非常事態です。何が起こっているのか、自分の発言のどこがいけなかったのかを分析しながらこうしたことに対処していれば、それは立派な経験ということになるでしょう。

日頃から、こうした訓練を積んでいると、ビジネス上の大きな問題に直面した際に応用がきくものなのです。

目的さえ持てば、ムダな仕事など存在しないのです。

おわりに——時代の変化も、チャンスにできる

先日、ちょっとショッキングなレポートが英国のオックスフォード大学から発表されました。現在、存在している仕事のうち、約半分が、近い将来ロボットによって置き換えられてしまうというものです。

ビジネスでの競争と言えば、これまでは人と人の競争だったわけですが、近い将来は、ロボットとも出世を争わなければならない時代がやってくるかもしれません。

実際、ロボット先進国である米国では、職場へのロボット進出が急ピッチで進んでいますから、この話はかなり現実的なものと言ってよいでしょう。すでに車の運転や飛行機の操縦は技術的には何ら問題のない水準まで来ていますし、医者や弁護士の仕事もかなりの部分が置き換え可能と言われています。

しかしながら、「稼ぐ力」を身につけた人にとっては、こうした時代の変化を恐れる必要はありません。むしろ変化が大きいことは、チャンスと捉えることすらできるでしょう。その理由は、「稼ぐ力」というのは、「相手の立場に立って物事を考える」という非常に人間的な力だからです。

いくらロボットが優秀だと言っても、基本的にロボットは定型処理を得意としています。同大学のレポートを見ても、ロボットに置き換えられる可能性が高いとされているのは、どちらかというと単調な業務です。具体的に例をあげてみましょう。

経理や一般事務といった定型処理、ファストフード店のオーダー処理、ルート営業、薬剤師、医師業務の一部などは、簡単にロボットに置き換わるとされています。特に事務処理、単純営業といった分野での置き換えが激しくなると同レポートでは予想しています。

一方、人を相手にする仕事はなくなる可能性が低いと指摘しています。

具体的には、セラピスト、ソーシャルワーカー、教師など、きめ細かな対人コミュニケーションが必要となる職種、そして、経営者や管理職など、いわゆるマネジメント業務についても、ロボットに置き換わる可能性は限りなく低いそうです。

こうしたことから分かることは、何か単一の業務が得意だという人材はその価値が今後、どんどん下がってしまうということです。一方、**相手の立場で、相手が欲するものを提供する能力があれば、どんな分野であっても、どんな時代であっても、常に必要とされる人材になれるわけです。**

相手の立場で物事を考える能力を身につけることができれば、それは自分自身にも応用することができます。

ビジネスの世界では、相手とのコミュニケーションが大事ですが、自分とのコミュニ

ケーションも同じくらい大事です。

自分とのコミュニケーションが上手な人は、自分自身が今、どんな精神状態にあるのか的確に把握することができます。例えば、自分は今、イライラしている、落ち込んでいる、あるいは気分がよく少しハイになっている、など自分の感情の状態を理解することができます。

これは非常に重要なことなのです。

人間は基本的に感情に左右される動物です。これは本能なのでどうしようもありません。自分は感情をコントロールできているので大丈夫だと言う人もいるかもしれませんが、そのような人はむしろ注意した方がよいでしょう。感情がコントロールできていると思っていても、実際には、感情が物事の判断に多くの影響を与えているからです。

重要なのは、感情を抑えることではなく、自分が今、どのような精神状態にあるのかについて知ることです。

他人は自分が思っているほど鈍感ではありません。

イライラの感情や喜びの感情を他人に隠すことは、基本的に無理だと思った方がよいのです。**大事なのは下手に隠すことではなく、自身の精神状態を理解した上で、感情が先行することによる失敗を回避することなのです。**

自分がイライラしていると理解できれば、上司や取引先と話をする時に、嫌な印象を与える可能性があると判断できます。その場合には、打ち合わせの時間を変えるなどの措置を取ることによって、つまらない失敗を回避することが可能となります。

逆に気分がよいと分かっていれば、面倒な仕事をその日に処理してしまうといった工夫もできます。感情と対決するのではなく、その感情をうまく利用して、最適な仕事の仕方をアレンジするわけです。

こうした振る舞いができるようになってくると、仕事に対して自然体で臨むことができるようになります。イライラすることや不安に思うことそのものは回避することはできませんが、それらに対して過剰に神経を尖らす必要はなくなるわけです。

こうした余裕を持つことができれば、ビジネスでの成功はさらに確実になり、あなたはいつの間にか「稼ぐ人」になっているはずです。

本書は、清流出版の秋篠貴子さんと一緒に作り上げたものです。彼女の仕事に対する真摯な取り組みがなければ、本書は生まれなかったでしょう。この場を借りて感謝の意を表したいと思います。

加谷珪一

ブックデザイン　小口翔平＋平山みな美（tobufune）

加谷 珪一（かや・けいいち）

評論家。東北大学卒業後、ビジネス系出版社に記者として入社。投資ファンド運用会社に転じ、企業評価や投資業務に従事。その後、コンサルティング会社を設立し代表に就任。数理シミュレーションを用いたコンサルティング手法を得意とする。お金持ちに特有の行動パターンを解き明かした「お金持ちの教科書」など複数のWebサイトを運営。お金持ちの行動分析から成功法則を見出し自らも実践した。現在は、億単位の資産を運用する個人投資家でもある。ビジネス、経済、マネー、IT、政治など、多方面の分野で執筆を行っている。
著書に『お金持ちの教科書』『大金持ちの教科書』（CCCメディアハウス）、『あなたの財布に奇跡が起こるお金の習慣』（かんき出版）、『お金は「歴史」で儲けなさい』（朝日新聞出版）など。

加谷珪一オフィシャルサイト
http://k-kaya.com/

稼ぐ力を手にする
たったひとつの方法

2015年3月29日　初版第1刷発行

著　者　　加谷珪一

発行者　　藤木健太郎
発行所　　清流出版株式会社
〒101-0051
東京都千代田区神田神保町3-7-1
電話　03-3288-5405
編集担当　秋篠貴子
http://www.seiryupub.co.jp/

印刷・製本　図書印刷株式会社

乱丁・落丁本はお取り替えいたします。
ISBN978-4-86029-428-1